タレ・ソース、盛りつけ、味づくりで
新しい刺身料理をつくる

旭屋出版

目次

Ristorante Ogawa …… 54

京料理　よこい …… 69

レ・サンス　Le Sens …… 97

日本料理　よし邑 …… 116

本書をお読みになる前に

分量、材料について

- 材料の計量単位は、1カップは200㎖、大さじは15㎖、小さじ1は5㎖です。
- 材料の分量表記中「適量」とある場合、材料の状況や好みに応じてほどよい分量をお使い下さい。なお、材料の大きさは、特に表示がない限り、標準的な大きさのものをご用意下さい。
- 酒とみりんは、調理法によっては、適宜煮きってアルコール分をとばしてからご使用下さい。

用語について

- 料理名は各店の表記のまま記述しています。
- 魚のおろし方について「おろし身」、「上身」とあるものは、魚をおろしたあと、腹骨や小骨を除いたものをいいます。上身はさらにおろし身の皮を引いたものをいう場合もあります。
- 「立て塩」とは、海水程度の塩水のこと。魚介類や野菜の下ごしらえに使います。
- 「塩みがき」とは、きゅうりやオクラなどの野菜に塩をまぶしてこすること。いぼや産毛を除き、鮮やかな色を出すための下ごしらえのひとつ。

四季の食材の出会いが新しい味と形の刺身料理を生み出す

■鶴林　美味旬菜

住　　所／兵庫県三田市南ヶ丘1丁目
22-10西田ビル2階
電　　話／079-562-1122
営業時間／昼11時～12時30分
13時～14時30分
夜17時30分～21時
定 休 日／水曜日

大阪・心斎橋で人気の割烹『鶴林よしだ』を経営。その後、店を弟子に委譲し、姉妹店として兵庫・三田に『鶴林　美味旬菜』を出店。四季の味わいを大切にした魅力的な料理を出し、人気店に。「酢の料理大全」「和食店の人気のご飯料理大全」「新しい日本料理の魅力をつくる　四季の食材の組み合わせ方」（以上、旭屋出版刊）ほか著書多数。

『鶴林《かくりん》　美味旬菜』
吉田靖彦

千枚鮑土佐酢造り

アワビとウニと組み合わせ、まろやかな風味の土佐酢を用いた贅沢な酢の物。長芋素麺とおくらとともに和えて食べる、のど越しのよさが夏場のさわやかな刺身料理として人気に。ワイングラスで提供し、おしゃれな一品に仕上げた。

材料／1人分
活けアワビ…1個（約100ｇ）
生ウニ…30ｇ　おくら…2本　長芋…10㎝長さ（約25ｇ）　◎土佐酢…適量　おろし生姜…少々　すだち（輪切り）・花穂じそ…各少々

◎土佐酢
材料（作りやすい分量）
米酢…300㎖　だし…300㎖　薄口醤油…100㎖　味醂…100㎖　カツオ削り節…ひとつかみ（約20ｇ）

作り方　鍋にすべての材料を合わせ入れて火にかける。ひと煮立ちしたら、追いガツオを加えて火を止めて冷まし、漉す。

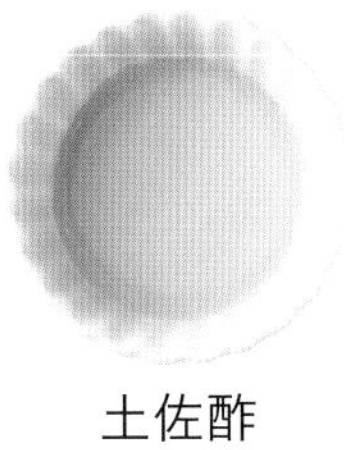

土佐酢

作り方
1 アワビは、塩みがきをして殻をはずし、肝を取る。アワビの身は2㎜厚さの薄切りにし、熱湯にくぐらせたらすぐに冷水にとる。
2 おくらは、そうじをして塩みがきをして洗い、縦半分に切って種を取る。さらに縦に細切りにして熱湯に手早く通して冷水にとり、水気を切る。
3 長芋は10㎝長さに切って皮をむき、縦に薄切りにし、縦に細切りにする。
4 2のおくらと3の長芋に「土佐酢」を加えて混ぜ、味を調える。
5 器に3の長芋と4のおくらを敷いて1のアワビをのせ、生ウニを天盛りにする。おろし生姜、すだちを添え、花穂じそをあしらう。

アコウ吹き寄せ造り　大皿盛り

高級魚アコウの刺身を、野菜やアーモンドなどと盛り合わせた鮮やかな色彩のサラダ感覚が女性客をつかむ。刻んだナッツ類や揚げたワンタンの皮が刺身の食感にアクセントをつける。中華ドレッシングをサービス係が客前でかけて混ぜ合わせるパフォーマンスも魅力。

材料／4人分

アコウ(キジハタ…上身)…320g　A[大根…少々　京ねぎ…1/8本　みょうが…2本　きゅうり…1/2本　人参…少々　ビーツ]　スプラウト…各少々　餃子の皮…3枚　アーモンド…25g　きゅうりの皮(折れ松葉用)…少々　人参(紅葉人参用)…少々　◎中華風ドレッシング…30㎖　大葉…1枚　すだち…適量

◎中華ドレッシング

材料(作りやすい分量)

サラダ油…50㎖　濃口醤油…30㎖　ごま油…15㎖　塩…小さじ1　白胡椒…適量

作り方　すべての材料を合わせ、よく混ぜる。

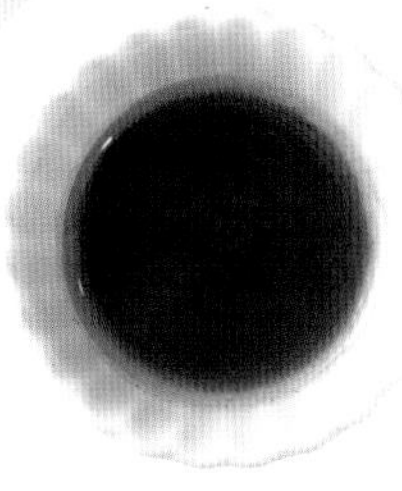

中華ドレッシング

作り方

1 アコウは、水洗いをして三枚におろし、薄造りにする。

2 Aの野菜は、それぞれ極細いせん切り（けんに打ち）にして、水にさらす。スプラウトは根元を切り落とし、水洗いする。

3 餃子の皮は素揚げして、細かく砕いておく。アーモンドはローストして砕いておく。

4 きゅうりの皮少々を用意して折れ松葉に切り、水にさらす。人参は紅葉型で抜いて、薄切りして水にさらす。

5 大皿の中心に1のアコウを盛り、まわりに2の野菜、3を彩りよく盛り、4の紅葉人参、折れ松葉きゅうり、すだち、大葉をあしらう。

6 5に「中華ドレッシング」をまわしかけて全体を混ぜ、すだちを絞って供する。

客への提供時に、サービス係が客席で中華ドレッシングをかける。

アコウの刺身、野菜、ナッツ類などを混ぜ合わせた後に、すだちを絞って提供する。

寒平目松前和え

脂がのった寒ビラメを細切りにして塩吹き昆布と和えた冬の絶品酒の肴。昆布の旨みと調味料の塩が合わさった和え衣が酒をすすめる。すだちの絞り汁を加え、レモンの輪切りに盛りつけて、おしゃれな趣きを演出。

材料／1人分
ヒラメ（上身）…50g　大葉…2枚　みょうが…½本　レモン（輪切り）…1枚　塩吹き昆布…適量　すだち絞り汁…少々　イクラ…少々　春蘭…1本

作り方
1 ヒラメは上身を用意して、そぎ切りにしてから細切りにする。
2 大葉とみょうがは、それぞれ、せん切りにして水にサッとさらして水気を切っておく。
3 1のヒラメと2の大葉とみょうがを和え、塩吹き昆布を加えて味を調えたら、すだちの絞り汁少々を加えて混ぜる。
4 器にレモン（輪切り）を敷き、3を盛り、イクラを天盛りにして、春蘭を添える。

松葉蟹生姜ジュレ和え

松葉ガニを使った冬のご馳走和え物。カニとの相性の良いさわやかな生姜酢のジュレと寄せ黄身酢がかけ合わさった旨みが、味わいに深みをつける。ラディッシュで色彩にアクセントを。

材料／1人分
松葉ガニ(上身)…70g　蛇腹きゅうり…2切れ　◎生姜酢ジュレ…30㎖　◎寄せ黄身酢…30㎖　ラディッシュ…少々

◎生姜酢ジュレ
材料／作りやすい分量
土佐酢(P.7参照)…200㎖　板ゼラチン…10g　生姜絞り汁…小さじ1
作り方　板ゼラチンは水で戻しておく。鍋に土佐酢を入れて火にかける。沸いてきたら、戻した板ゼラチンを加えて溶かし、火を止める。最後に生姜の絞り汁を加えて混ぜ、粗熱をとってから冷蔵庫で冷やす。

◎寄せ黄身酢
材料／作りやすい分量
黄身酢＊…200㎖　板ゼラチン…12g
作り方　板ゼラチンを水で戻す。鍋に黄身酢＊を入れて湯煎にかけて温め、水で戻した板ゼラチンを入れて溶かす。火を止め、粗熱をとって冷蔵庫で冷やす。
＊黄身酢は、土佐酢200㎖に卵黄8個分を加えてよく混ぜ合わせて湯煎にかける。とろりとなめらかになるまでよく練り、火からおろして氷水に当てて急冷したもの。

作り方
1　松葉ガニの身を取り出し、カニミソ部分と分けておく。
2　きゅうりは蛇腹に切り、昆布を敷いた立て塩に入れて1時間漬けておく。ラディッシュは蛇の目に切って、薄くそぎ切りにして水にさらす。
3　器に松葉ガニの上身を盛り、カニミソを天盛りにして、蛇腹きゅうりを添える。「生姜酢ジュレ」をかけ、小さい角切りにした「寄せ黄身酢」と蛇の目に切ったラディッシュを添える。

鮑、車海老、鱧水貝盛り

水貝は磯の香とアワビのコリコリとした食感が魅力だが、それにクルマエビ、ハモといった高級材料を加えることでご馳走感を高めた。大鉢の塩水にいろいろな魚介と蛇腹きゅうりやラディッシュなどを浮かべた趣向が、客の目を楽しませる。ちり酢、肝醤油、梅肉を付け合わせたが、つけだれを変えれば味わいが変わっておもしろい。

材料／4人分

クロアワビ…1個（約250g） 葛粉…適量 車エビ…1本（30g） ハモ（上身）…100g すだち（輪切り）…1個分 ラディッシュ（輪切り）…1個分 はす芋…⅓本 青味大根…4本 花付きゅうり…2本 きゅうり…½本 ◎ちり酢…80mℓ ◎アワビ肝醤油…60mℓ 梅肉・おろしわさび…各少々

◎ちり酢

材料／作りやすい分量

ポン酢＊…100mℓ 大根おろし（軽く汁気をしぼったもの）…30g あさつき（みじん切り）…1本分 タカノツメ…½本

作り方 タカノツメは水に漬けて戻し、大根おろしと合わせて、包丁でよく叩き、あさつき、ポン酢を加えて混ぜる。

＊ポン酢は、清潔な保存容器（ホーローやステンレス製推奨）に柑橘酢・濃口醤油各1000mℓ、酢・たまり醤油100mℓ、煮切り酒240mℓ、煮切り味醂280mℓ、昆布30g、花カツオ40gを合わせて入れ、夏場は3日、冬場は6日程度、常温で寝かせた後、布漉ししたもの（以上、作りやすい分量）。柑橘酢は、だいだい2：すだち1：柚子1の割合を目安に配合して使用。

◎アワビ肝醤油

材料／作りやすい分量

造り醤油…50mℓ 煮切酒…30mℓ アワビのキモ（サッと茹でたもの）…1個

作り方 キモは裏漉しをしてなめらかにし、造り醤油、煮切った酒を加えてよく混ぜる。

作り方

1 アワビは塩みがきをして殻をはずし、キモは取って肝醤油に用いる。身は2〜3㎜厚さのそぎ切りにする。

2 1に葛粉をまぶして熱湯にくぐらせたら、すぐに氷水に落とす。

3 車エビは殻をむいて腹開きにし、背ワタをとってから葛粉をまぶす。熱湯にサッとくぐらせたら、すぐに氷水に落とす。

4 ハモは骨切りをして4等分し（1切れ25g）、葛粉をまぶして熱湯にくぐらせたら、氷水に落とす。

5 青味大根は、そうじをして形を整える。きゅうりは3㎝幅の桂むきにして、細かく穴を開けて水にとり、蛇篭きゅうりにする。

6 すだちとラディッシュは水にとる。はす芋は、皮をむいて斜め薄切りにする。

7 大鉢に、かち割り氷と水を入れ、2〜6を見栄えよく盛り、「ちり酢」「アワビ肝醤油」「梅肉とわさび」を添えて供する。

渡り蟹洗い造り　敷氷

身のなめらかさと甘みが特徴のブランドガニ、大阪・泉州のワタリガニを使用。殻をむき、身を氷水に漬けて、“花”を咲かせて見栄えよく仕立てる。氷を敷き詰めた器に盛りつけて提供。造り醤油で食べる。

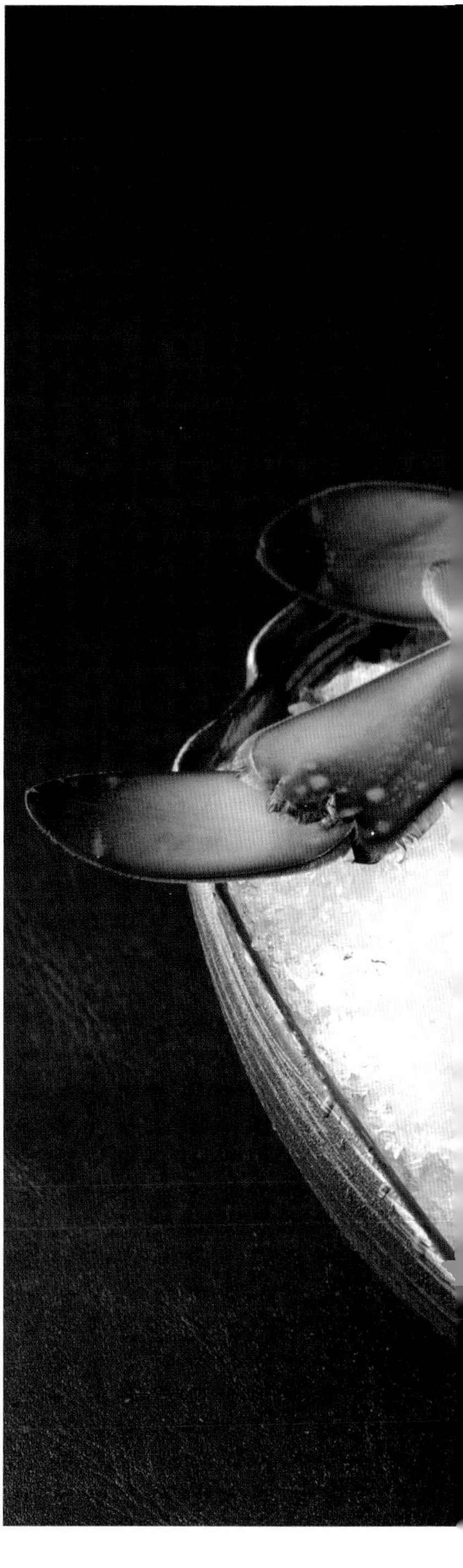

材料／1人分

ワタリガニの後ろ脚(水かきの部分)…2本　大根・ラディッシュ…各少々　大葉・青味大根…各適量　おろし生姜…少々　◎造り醤油…適量

◎造り醤油

材料／作りやすい分量

A［濃口醤油…700㎖　たまり醤油…200㎖　味醂…100㎖　昆布…15g］　花カツオ…15g　煮切り酒…適量

作り方 鍋にAの材料をすべて入れて火にかける。沸いてきたら花カツオを加えて火からおろす。そのまま一晩おいて布漉しをする。

＊使用する際は、造り醤油6：煮切り4の割合で混合して用いる。

作り方

1 ワタリガニの甲羅をはずして掃除をする。後ろ足（水かきがついている部分）の殻をむいて、身を氷水に5分漬けて洗いにする（花が開いたようになる）。

2 大根とラディッシュは、それぞれせん切りにして水にさらし、水気を切る。

3 氷を敷き詰めた器に大葉を敷いて1のワタリガニを盛り、2の大根とラディッシュのけん、青味大根、おろし生姜を添える。「造り醤油」を添えて供する。

Memo

・ワタリガニは、春はメスがおいしく、秋はオスの方が身の詰まりがよく、おいしい。

身は氷水に漬けて花を咲かせ、美しく仕上げることで価値がさらにアップする

関鯵へぎ造り

プリプリとした身のおいしさが人気の、高級ブランドの関アジ。甘辛い醤油ダレやゴマダレに漬ける「りゅうきゅう」がお馴染みだが、ピリッと辛い柚子胡椒味噌でまた違ったおいしさが味わえる。下に敷いたわけぎを関アジにたっぷり付けて食べる。

材料／1人分
関アジ（上身）…80g　わけぎ…3本　ビーツ…少々
きゅうり…1/4本　うど…少々　クコの実（土佐酢適量で戻したもの）…少々　◎柚子胡椒味噌…25mℓ

◎柚子胡椒味噌
材料／作りやすい分量
玉味噌（P.28参照）…100g　米酢…45mℓ　土佐酢（P.7参照）…45mℓ　柚子胡椒…小さじ1
溶き辛子…小さじ1/3

作り方　すべての材料を合わせて、よく混ぜる。

作り方
1 関アジは水洗いして三枚におろし、中骨を切り取って腹骨をすき取り、皮を引いて上身にしたものを用意し、斜めにそぐように薄く切る（へぎ造り）。
2 わけぎは小口切りにして軽く水にさらし、水分をよく切る。
3 ビーツは桂むきにして斜めに細く切り、水にとって〝よりビーツ〟にする。きゅうり、うどは、それぞれ折れ松葉に切って水にとる。
4 器に2のわけぎをたっぷりと敷いて1のアジを並べ、3を彩りよく添え、クコの実を散らす。「柚子胡椒味噌」を添えて供する。

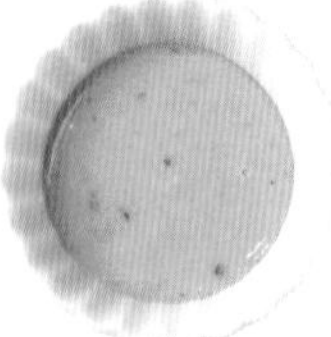

柚子胡椒味噌

剣先烏賊素麵造り

夏場のイカ料理の代表的一品。素麵つゆでつるつるとさっぱり味わうのが定番だが、温泉卵を入れることでコクが加わる。薬味やあしらいも調味したり、イカに振り柚子をして、料理性をさらに高めた。

材料／1人分

ケンサキイカ…½ぱい　きゅうり…⅛本　温度玉子…1個　あさつき・花穂じそ・みょうが…各少々　おろし生姜…少々　青柚子…少々　◎素麵つゆ

◎素麵つゆ

材料／作りやすい分量

A［だし…400㎖　濃口醤油…100㎖　味醂…100㎖］　ムロ節…ひとつまみ

作り方　鍋にAの材料を入れて火にかける。沸いてきたらムロ節を加える。再び沸いてきたら火からおろし、漉す。

作り方

1 ケンサキイカは水洗いをして内臓と足をはずす。胴部分の皮をむき、細切りにする。

2 温度玉子を作る。卵は68～69℃の熱湯に約30分入れて温度玉子にする。冷水にとり、殻を割って卵黄のみ用いる。

3 きゅうりは蛇腹に切り、立て塩に昆布少々（分量外）を加えた中に30分漬け込んでから用いる。あさつきは、小口切りにして水にさらす。

4 器に1を盛り、温度玉子、3の蛇腹きゅうりとあさつき、おろし生姜を添え、みょうが、花穂じそをあしらう。仕上げに青柚子の皮をすりおろしてふり、「素麵つゆ」を添えて供する。

間八大葉ドレッシングサラダ造り

イタリア料理のカルパッチョ風に仕上げたモダンな刺身料理。ルッコラ、玉ねぎ、みょうが、はす芋、紅芯大根などの野菜とカンパチを洋風感覚のドレッシングで混ぜ合わせ、風味豊かな海鮮サラダに。

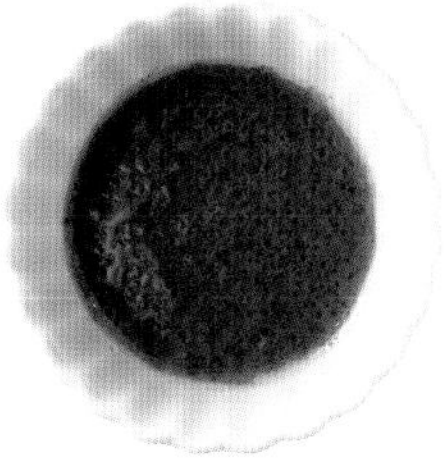

大葉ドレッシング

材料／1人分
カンパチ（上身）…100g　ルッコラ・玉ねぎ・はす芋・みょうが・きゅうり・ラディッシュ…各適量　◎大葉ドレッシング…15㎖

◎大葉ドレッシング
材料／作りやすい分量
大葉…30枚　アンチョビ…2枚　ケッパー…大さじ1　にんにく…¼かけ　オリーブ油…大さじ4　サラダ油…大さじ4　酢…大さじ2　薄口醤油…大さじ4　砂糖…小さじ1　レモン汁…大さじ2

作り方　すべての材料をミキサーに入れて攪拌する。

作り方
1 カンパチは上身にしたものを用意し、薄いそぎ切りにする。
2 玉ねぎはスライスして水にさらす。はす芋は皮をむいて縦半分に切ってから薄い小口切りにして水にさらす。みょうがは縦半分に切ってから薄切りにして水にさらす。きゅうりは縦半分に切ってから斜め薄切りにする。ラディッシュは蛇の目にして薄く切る。ルッコラは食べやすい大きさに切る。
3 器に2の野菜と1のカンパチを彩りよく盛り、「大葉ドレッシング」をかけて供する。

紅葉鯛 名残り鱧 割ポン酢ジュレ造り

秋が旬の明石ダイと、名残りの明石ハモを合わせ、さらにイクラを加えた贅沢な味わいが食通の嗜好をとらえる。素材のおいしさを大切にし、タレはポン酢の味が勝ちすぎないよう加減し、“割ポン酢”ジュレにする。

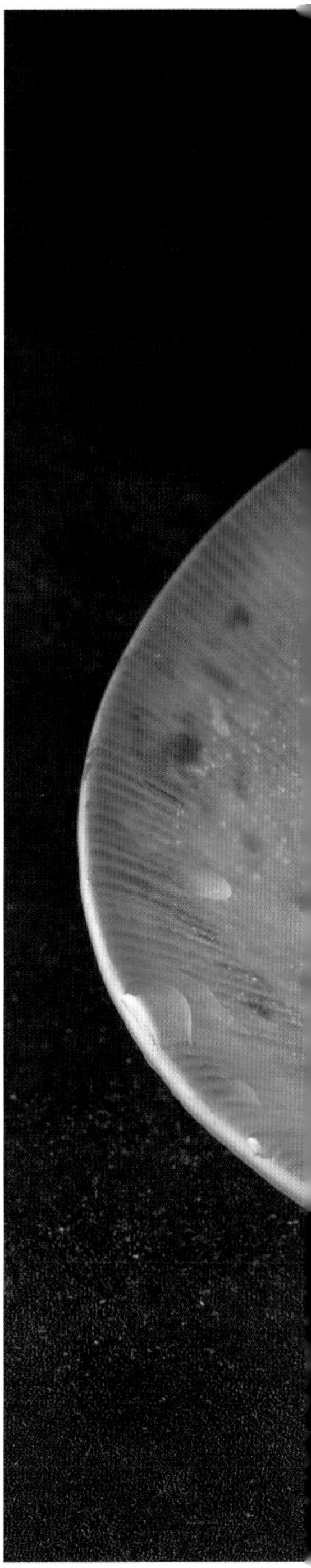

材料／1人分
明石ダイ(上身)…40g　ハモ(上身)…50g　芽ねぎ・ミニおくら・黄菊・はす芋…各少々　イクラ…10g　紅葉おろし…少々　◎割ポン酢ジュレ…40㎖

作り方
1 タイは、水洗いをして三枚におろす。おろした身の皮目をバーナーで炙り、皮目に包丁で切り込みを入れてから、そぎ造りにする。
2 ハモは上身にしたものを用意し、骨切りをしてから3㎝幅に切り離し、熱湯にサッとくぐらせて、冷水にとる。
3 ミニおくらはそうじをして塩みがしをし、サッと熱湯で湯がいて冷水にとり、縦半分に切る。はす芋は皮をむいて斜め薄切りにして水にさらす。黄菊は花びらをはずして、酢少々(分量外)を加えた熱湯でサッと湯がいてザルにとり、水にさらして軽く水気を絞る。
4 器に1、2を盛り、3のミニおくら、はす芋、黄菊を添える。芽ねぎを立てかけ、紅葉おろしを添え、「割ポン酢ジュレ」をかけてすすめる。

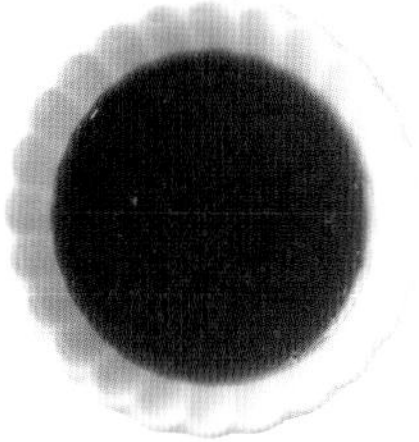

割ポン酢ジュレ

◎割ポン酢ジュレ
材料／作りやすい分量
ポン酢…150㎖　だし…100㎖　板ゼラチン…4g
作り方　板ゼラチンは水で戻す。鍋にポン酢とだしを入れて火にかける。沸いてきたら、水で戻した板ゼラチンを加えて溶かし、火を止める。粗熱がとれたら冷蔵庫で冷やし固める。

車海老炙《あぶ》りと生雲丹 琥珀ジュレがけ

生のクルマエビを醤油ダレを塗って炙り、香ばしさと甘みを加える。生ウニとともに玉子豆腐の上にのせて琥珀ジュレをかける。玉子豆腐は仕込んで置けるので、急な客の前菜にもすぐ出すことができる使いやすい一品。

材料／1人分
車エビ…1尾（30g） 生ウニ…20g 一杯醤油（酒1：濃口醤油1の割合で合わせたもの）…適量 ◎玉子豆腐…1個 ◎琥珀ジュレ…30㎖ おろしわさび…少々

◎玉子豆腐
材料／作りやすい分量
卵…6個 A［だし…450㎖ 薄口醤油…小さじ1 味醂…小さじ1］
作り方 卵をボウルに割り入れてよくほぐし、Aを加えてよく混ぜる。これを裏漉ししてから流し缶に流し入れ、表面の泡をすくい取っておく。蒸気の上がった蒸し器に入れて、布巾をかけてフタをし、強火で10〜12分蒸したら、取り出して粗熱をとり、冷蔵庫で冷やす。蒸す時は、蒸し器のフタに竹串などを差し入れ、ほんの少しずらしておくとよい。火が強すぎると〝す〟が入るので気をつける。

◎琥珀ジュレ
材料／作りやすい分量
だし…200㎖ 濃口醤油…20㎖ 味醂…20㎖ 板ゼラチン…10g
作り方 板ゼラチンは水で戻しておく。鍋に残りの材料をすべて入れて火にかける。沸いてきたら水で戻した板ゼラチンを入れて溶かす。火を止めて粗熱をとり、冷蔵庫で冷やし固める。

作り方
1 車エビは殻をむいて頭、尾をはずし、腹開きにして、一杯醤油を塗り、バーナーで軽く焼き目をつける。
2 器に「玉子豆腐」を置いて、生ウニ、1の車エビを盛り、「琥珀ジュレ」をかけて、おろしわさびを添える。

帆立貝と葉山葵白和え

刺身料理としてはもちろん、先付けにも使いやすい和え物。ホタテ貝柱の旨み、菜の花のほろ苦さと香り、葉わさびの辛みと香りが酒をすすめる。2月〜3月が旬。

材料／1人分
ホタテ貝柱…20g　酒…少々　葉わさび…20g　菜の花…2本　吸い汁…適量　◎白和え衣…20g　花びら人参…2枚

◎白和え衣
材料／作りやすい分量
絹ごし豆腐（しっかり水切りしたもの）…100g
白味噌…15g　砂糖…大さじ1　塩小さじ…½　薄口醤油…小さじ½　味醂…小さじ1　練り白ごま…大さじ1
作り方　フードプロセッサーにすべての材料を入れ、なめらかになるまで攪拌する。

作り方
1 ホタテ貝の貝柱をはずして、1㎝角に切り、酒炒りにする。
2 葉わさび、菜の花は、それぞれ塩少々を加えた熱湯でサッと茹でて冷水にとって水気を絞り、吸い汁に漬けておく。
3 1、2を「白和え衣」で和えて器に盛り、花びら人参をあしらう。

memo
・吸い汁は、吸い地程度に味を調えただし汁のこと。だし5カップに薄口醤油・酒各小さじ1、塩小さじ1程度で味を調えたものを使用。

鮑柔らか煮 蛸ぶつ 鼈甲《べっこう》餡かけ造り

年配のお客にも食べやすいよう、アワビもタコも柔らかく調理するのがおいしさのポイント。タコは醤油と酢を少量加えて、サッと茹で、中は柔らかい状態で香り高く仕上げる。最後にアワビもタコも隠し包丁を入れる。べっこう餡をかけ、なめらかな味わいに。

材料／1人分
クロアワビ…¼個　A［大根（輪切り）…200g　酒・水…各300㎖］　活けダコ…60g　茄子…½本　わけぎ…½本　白ずいき…25g　おろしわさび…少々　◎おくらとろろ　◎鼈甲餡…適量　塩…適量　吸い汁（P.23参照）…適量

◎鼈甲餡
材料（作りやすい分量）
A［だし…100㎖　濃口醤油…10㎖　味醂…10㎖］
水溶きの葛粉…大さじ½
作り方　鍋にAの材料を入れて火にかけ、沸いてきたら水溶きの葛粉を加えてとろみをつける。

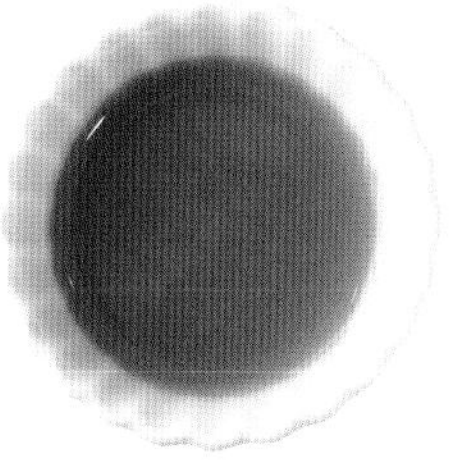
鼈甲餡

◎おくらとろろ
材料（作りやすい分量）
おくら…1本　塩…少々　吸い汁（P.23参照）…適量
作り方　おくらは、そうじをして塩みがきをしてから湯がいて冷水にとる。縦半分に切って種を取り、フードプロセッサーに入れ、吸い汁少々を加えてとろろ状にする。

作り方
1 「アワビ柔らか煮」を作る。アワビは塩みがきをして殻をはずす。
2 圧力鍋にAの材料と一緒に1のアワビを入れ、弱火で約1時間加熱する。アワビは冷ましてから厚めのそぎ切りにして、表面に細かく包丁で切り込みを入れる。
3 活けダコは、そうじをして、流水でもみ洗いをしてぬめりをとり、足を切り離す。鍋に湯を沸かし、酢・濃口醤油各少量（以上、各分量外）を入れて約1分茹でる。巻すを敷いたバットの上にタコを置いて冷まし、厚めのそぎ切りにして、蛇腹に隠し包丁を入れる。
4 白ずいきは皮をむいて適当な幅に切って酢水に漬ける。酢少々を加えた熱湯に入れ、落としブタをして湯がいてから水にさらす。水分を切って、端をそろえて束ね、吸い汁でサッと炊いてザルにあげ、冷ましてから再度、吸い汁に漬ける。
5 京ねぎは白髪ねぎにする。わけぎは、かもじねぎにする。
6 茄子は強火で焼いてから皮をむいて、吸い汁に漬けておく。
7 器に、2のアワビ、3のタコ、4の白ずいき、6の焼き茄子を盛る。
＊熱々の「鼈甲餡」をかけ、「おくらとろろ」、わさびを盛り、白髪ねぎ、かもじねぎをあしらう。

活けダコの足は、少量の醤油と酢を加えた湯に入れ、1分ほど茹で柔らかく仕上げる。

巻すの上にタコを置いて冷まし、厚めのそぎ切りにし、食べやすいよう隠し包丁を。

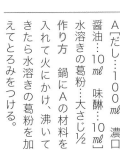

〆鯵胡麻ポン酢クリーム和え造り

アジは甘酢で〆めることで、旨みと酸味が生とは違ったおいしさを生み出す。白ごまクリームを合わせたごまポン酢クリームで、白ずいきやアスパラガスなどの野菜と一緒に和え、まろやかな味わいに仕上げ、女性客にも喜ばれる酒の肴に。

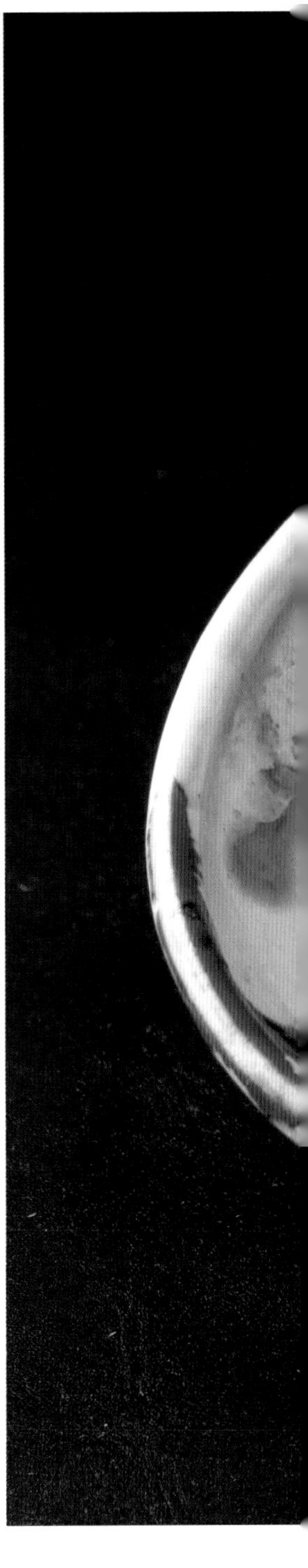

材料／1人分
関アジ(上身)…100g ◎甘酢…適量 グリーンアスパラガス…1本 白ずいき…20g 揚げ針大葉・焼き椎茸・黄菊…各少々 塩…適量 ◎胡麻ポン酢クリーム…30㎖

◎甘酢
材料／作りやすい分量
米酢…200㎖ 砂糖…30g
作り方 材料をすべて合わせて混ぜておく。

◎胡麻ポン酢クリーム
材料／作りやすい分量
ポン酢…200㎖
白練りごま…50㎖
作り方 ボウルに白練りごまを入れて、ポン酢を少しずつ加えながらよく混ぜ、乳化させる。

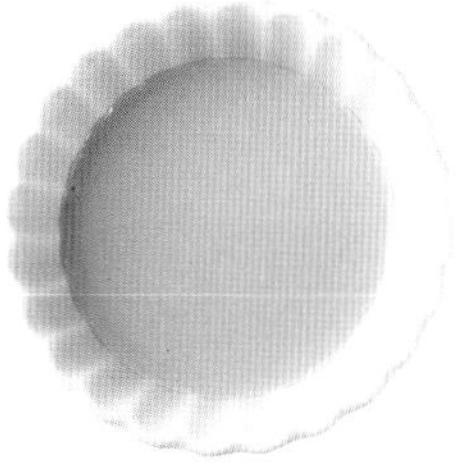

胡麻ポン酢クリーム

作り方

1 アジは水洗いをして三枚におろして、中骨を抜いて上身にする。これに薄塩を当てて1時間おいてから水洗いをして水気をふき取る。「甘酢」にくぐらせた後、2～3時間冷蔵庫に入れて、〆アジにする。
2 1のアジの皮を引いて引き造りにする。
3 白ずいきは、皮をむいて適当な太さに縦割りにして酢水に漬ける。鍋に湯を沸かし、米酢少々を入れて白ずいきを3～4分茹でて、冷水にさらす。
4 椎茸は酒塩を当てて、200℃のオーブンで5分程度焼き、食べやすい厚みに切る。
5 グリーンアスパラガスは塩を加えた熱湯でサッと茹でて斜め切りにする。
6 大葉はせん切りにしてから素揚げにする。
7 黄菊は花びらをとって、酢少々を加えた熱湯でサッと茹でてから冷水にとって水気を絞る。
8 1～5を「胡麻ポン酢クリーム」で和えて器に盛り、揚げ針大葉、黄菊を添える。

寒蛸柚子胡椒味噌がけ

生ダコは食べやすいように隠し包丁を入れ、手早く酒炒りする。土佐酢に加えて、ピリ辛の柚子胡椒味噌を天がけして、食べ味を重ねる。かけるのは生姜酢やごま系の酢味噌も合う。

材料／1人分
活けダコ(足)…80g　きゅうり1/4本　長芋(拍子木切り)…30g　クコの実(土佐酢適量で戻したもの)…2個　◎柚子胡椒味噌…大さじ1　土佐酢(P.7参照)…15㎖

◎柚子胡椒味噌
材料／作りやすい分量
玉味噌[白味噌…200g　卵黄…1個分　砂糖…大さじ1　味醂…30㎖　酒…50㎖]　米酢…130㎖　溶き辛子…大さじ1　柚子胡椒…大さじ1/5
作り方　まず「玉味噌」を作る。鍋に玉味噌の材料を合わせ入れ、10分程度弱火にかけてなめらかに練り上げる。ここに酢と溶き辛子を加え混ぜて「辛子酢味噌」を作り、最後に柚子胡椒を加えてよく混ぜる。

作り方
1 活けダコは水洗いして足部分を切り離し、いぼを残して皮をそいで薄切りにする。隠し包丁を入れて、手早く酒炒りする。
2 器に1を重ね盛りにして、蛇腹に切ったきゅうり、拍子木に切った長芋を盛る。土佐酢を注ぎ入れ、「柚子胡椒味噌」をかける。花穂じそ、クコの実をあしらう。

赤貝辛子酢味噌がけ

コリコリとした歯触りと磯の香りが人気の赤貝。刺身を造り醤油で食べてもおいしいが、酢の物でも味わいたい。ここでは、土佐酢をかけ、さらに辛子酢味噌を天がけして味を整えた。

材料/1人分
赤貝…1個 わけぎ…2本 うど…20g 土佐酢(P.7参照)…少々 辛子酢味噌(P.28参照)…20g 花穂じそ…1本 塩・酢…各適量(下処理用)

作り方
1 赤貝は、殻からはずし、ヒモを取って腹を切り、きれいに掃除をしてから塩でみがく。水洗いをして鹿の子に包丁を入れる。
2 わけぎは、塩少々を加えた熱湯で茹でてザルにあげ、薄塩を当てて冷ましてから、水気を絞り、酢で洗う。
3 うどは皮をむいて酢少々を食えた熱湯で茹でて冷水にとる。
4 器に、食べやすく切った1の赤貝、2、3を盛る。土佐酢をかけ、辛子酢味噌を天がけにして、花穂じそをあしらう。

横輪叩き　サラダ造り

ヨコワは本マグロの幼魚で、成魚と違った淡白な味が好まれる。三種盛りの１点として出す店が多いが、紅芯大根、ベビーリーフ、トレビス、うど、レッドオニオン、グリーンアスパラ…などいろいろな野菜と一緒に食べてもらうと、そこに新しいおいしさが生まれる。

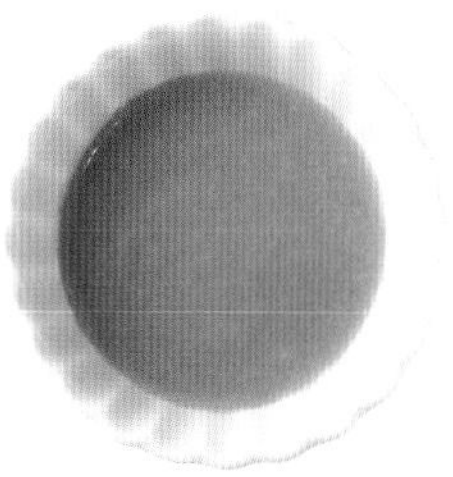

オニオンドレッシング

材料／1人分
ヨコワ（上身）…120g　A［紅芯大根　ベビーリーフ・トレビス・うど・レッドオニオン…各適量］　グリーンアスパラガス…½本　花付ききゅうり…1本　にんにくチップ…少々
◎オニオンドレッシング…適量

◎オニオンドレッシング
材料／作りやすい分量
玉ねぎ…1個　A［米酢…150㎖　エキストラヴァージンオリーブ油…75㎖　濃口醤油…150㎖］
作り方　玉ねぎは250℃のオーブンで約1時間焼き、冷まし、Aの材料と合わせてミキサーにかける。

作り方
1 ヨコワは水洗いをして、三枚におろして上身にする。上身に金串を打って薄塩を当てて、皮目から炙り、食べやすい厚みに切り揃える。
2 Aの野菜は、それぞれ洗って、食べやすくととのえる。紅芯大根は、薄いいちょう切りにする。ベビーリーフとトレビスは、それぞれ小さくちぎる。うどは皮をむいて2〜3㎝長さに切り、縦にスライスして水にさらして水気を切る。レッドオニオンは薄切りにする。
3 グリーンアスパラガスは、塩茹でして斜めに切る。
4 器に2の野菜を彩りよく広げ置き、1のヨコワの叩きを盛る。3のグリーンアスパラ、花付ききゅうりをあしらい、にんにくチップを散らす。「オニオンドレッシング」を好みの量かけて供する。

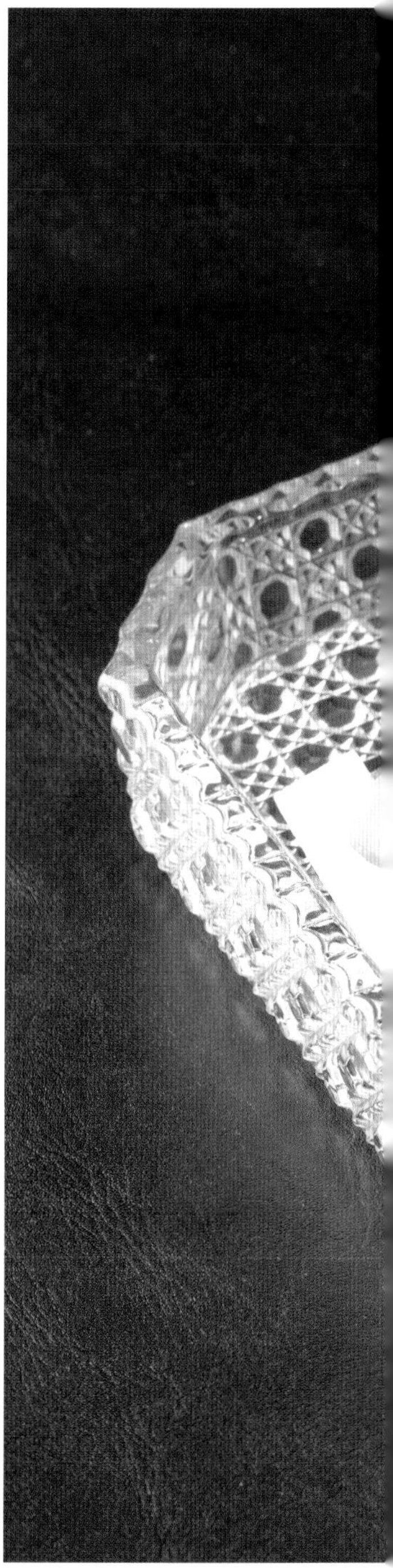

漬け鮪炙《あぶ》り造り

マグロとアボカドと醤油の組み合わせは、おいしさの相乗効果を高める。炙ることでさらに旨みが増す。アボカドにオリーブ油をかけて焼くことで、色が飛ぶのを防ぐ効果も。最後に生ウニを天盛りにし、一杯醤油を塗って炙り、贅沢感をアップする。

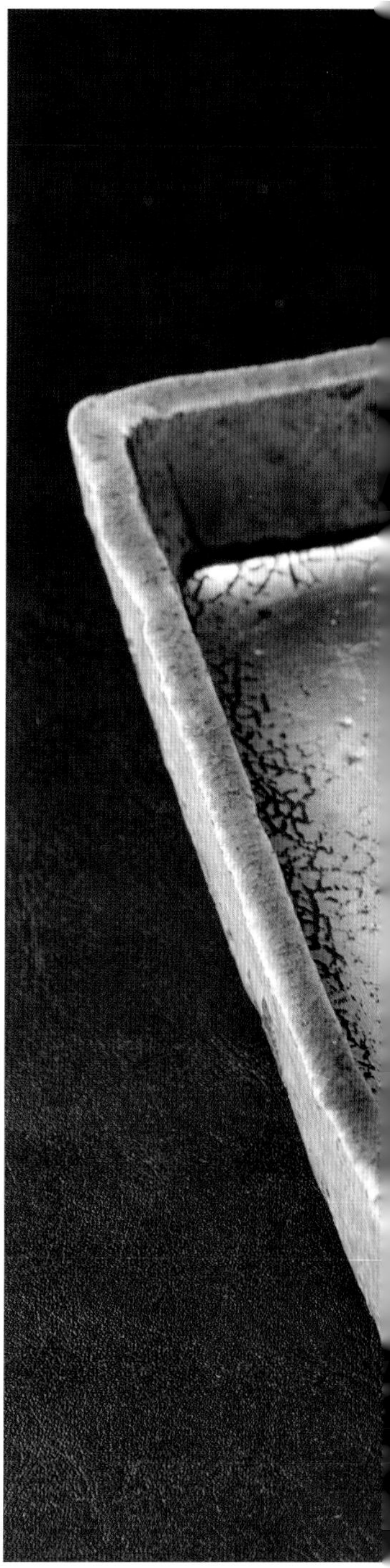

材料／1人分
マグロ…80ｇ　生ウニ…30ｇ　アボカド…½個　エキストラヴァージンオリーブ油…少々　レモン（輪切り）…3枚　塩…少々　◎マグロ漬け汁…適量　◎一杯醤油…適量

◎マグロ漬け汁
材料／作りやすい分量
濃口醤油…100㎖　煮切り酒…80㎖　煮切り味醂…40㎖
作り方　材料を合わせて混ぜておく。

◎一杯醤油
材料／作りやすい分量
濃口醤油…20㎖　酒…20㎖
作り方　材料を合わせて混ぜておく。

作り方
1 マグロの上身は「マグロ漬け汁」に約10分漬けた後、汁気を切ってバーナーで炙り、食べやすい大きさに切る。
2 アボカドは半分に切って種を取って皮をむき、オリーブ油をかけて、塩少々をふる。これを200℃のオーブンで12分焼いて5㎜幅に切る。
3 器にレモンの輪切りを敷いて、1のマグロ、2のアボカドを交互に重ねて盛る。生ウニを天盛りにして、「一杯醤油」を塗り、仕上げにバーナーでサッと炙って供する。

漬け汁

酢牡蠣柚子おろし和え

生ガキをポン酢で食べるだけでもおいしいが、シャキシャキとした長芋素麺、叩いたおくらと一緒に食べると、食感に変化が生まれる。ポン酢も大根おろし、おろし柚子を混ぜ合わせ、違った趣向に。

材料／1人分

セルガキ…1個　長芋素麺…30g　おくら…½本　軸三つ葉…少々　◎柚子おろし…30g

◎柚子おろし

材料／作りやすい分量

大根おろし（強めに汁気をしぼったもの）…100g　土佐酢（P．7参照）…40㎖　おろし柚子…½個分

作り方　すべての材料を合わせて混ぜる。

作り方

1 カキは殻をはずして身を取り出し、サッと洗う。

2 三つ葉の軸はサッと茹でてから水にとって水気を切り、みじん切りにする。

3 2と「柚子おろし」を合わせて和えておく。

4 長芋素麺を作る。長芋は8㎝長さに切って皮をむき、縦に薄く切ってから、細切りにする。

5 おくらは塩少々を加えた熱湯で色よく茹でて冷水にとり、縦半分に切り、種を取ってから包丁で叩いておく。

6 きれいに洗ったカキの殻に1のカキを盛り、3をかける。4の長芋素麺をのせ、5のおくらを天盛りにする。

鯛の麦とろ

新鮮なタイの刺身をごま醤油で和えて、とろろ麦飯に盛りつけた贅沢な一品。この濃厚なおいしさが食欲を誘う。喉ごしもよく、するすると食べすすめることができる。青海苔が彩りと味のアクセントに。

材料／1人分
タイ(上身)…80g　麦飯…150g　◎ごま醤油…適量　◎とろろ汁…150㎖　青海苔…少々

◎ごま醤油
材料／作りやすい分量
濃口醤油…100㎖　煮切り酒…100㎖　炒りごま…大さじ3　練りごま…大さじ½

◎とろろ汁
材料／作りやすい分量
つくね芋…200g　だし…80㎖　卵黄…1個分
塩…少々　薄口醤油…少々
作り方　つくね芋は皮をむき、みょうばん水に30分つけてから水洗いする。すり鉢のへりでつくね芋をこすってとろにし、だしを少しずつ加えて混ぜる。卵黄も加えて混ぜ、塩・薄口醤油で味を調える。

作り方
1 タイの上身は、そぎ切りにして、ごま醤油にサッとくぐらせる。
2 器に温かい麦飯を盛り「とろろ汁」をかける。1のタイをのせ、青海苔をふる。

Memo
・麦飯は、うるち※1.5合と押し麦0.5合を一緒に洗い、30分浸水してから普通の水加減で炊いたもの。

蛸へぎ造り
焼きフルーツトマトジュレがけ

イタリア料理風に焼きフルーツトマトジュレをかけ、洋風味に仕立てた新感覚のタコの刺身料理。タコの薄造りとともにシャキシャキとした蛇腹きゅうり、長芋素麺、新生姜甘酢漬けを盛合わせ、食べ味に変化をつけた。

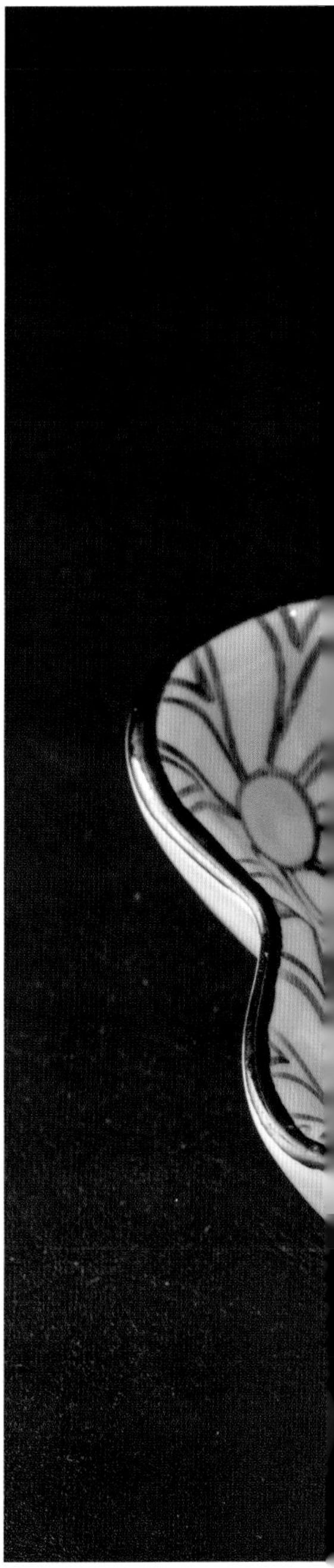

材料／1人分

活けダコ…80g　きゅうり…⅓本　長芋…20g　新生姜甘酢漬け…少々　おくらとろろ(P．25参照)　梅肉…少々　花穂じそ…1本　◎焼きトマトフルーツジュレ…30㎖

◎焼きフルーツトマトジュレ

材料／作りやすい分量

土佐酢(P．7参照)…200㎖　フルーツトマト…3個　板ゼラチン…3g

作り方　フルーツトマトを220℃のオーブンで約20分焼いて皮をむき、へたをとって冷ます。この焼きトマトに土佐酢を合わせてミキサーでなめらかにしたら鍋に移し入れて火にかける。水で戻した板ゼラチンを加えて溶かし、火を止めて冷まし、冷蔵庫で冷やし固める。

作り方

1 タコは水洗いをして、ぬめりを取り、足を切り離す。いぼを残して皮をむいて、熱湯でサッとくぐらせて氷水にとる。水分を切って薄いそぎ切りにする。

2 きゅうりは蛇腹に切る。

3 長芋は8㎝長さに切って皮をむき、縦に薄く切ってから素麺のように細く切る。

4 新生姜甘酢漬けは5㎜角に切る。

5 器に1と2の蛇腹きゅうりを盛り、「焼きフルーツトマトジュレ」をかける。3の長芋を盛り、おくらとろろ、4の新生姜甘酢漬け、梅肉、花穂じそをあしらう。

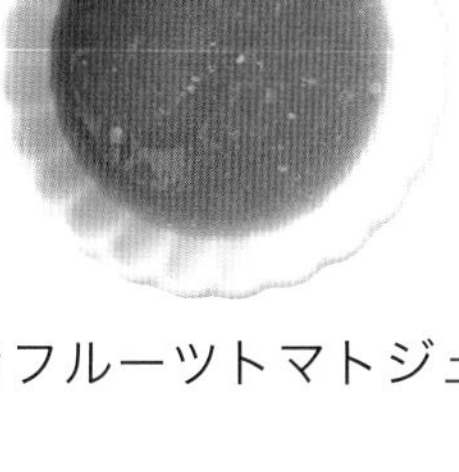

焼きフルーツトマトジュレ

日本の新鮮な魚介類と食材をフランス料理の手法で新しい刺身料理の一皿に

■キュイジーヌ フランコ・ジャポネーズ マツシマ

住　所／兵庫県神戸市中央区山本通 3-2-16
ファミールみなみビル1F
電　話／078-252-8772
営業時間／12時～15時（L.O.13時30分）
15時30分～22時（L.O.20時）
定 休 日／月曜日

「瀬田亭」を経て「フォレ・ド・リキュウ」料理長。2002年、『キュイジーヌ フランコ・ジャポネーズ　マツシマ』を開業。全国の生産者と交流して食材を選び、日本人が培ってきた季節感を表現する。料理教室も開催。著書に「新しいフランス料理における日本の食材の使い方」（旭屋出版刊）がある。

『Cuisine Franco-Japonaise Matsushima』

松島朋宣

大王イワナの塩マリネ　夏野菜のサルサベルデ　青ねぎのソース

身は白く透き通り、クセがなく優しい味わいが特徴の長野産イワナを使用。いろいろな野菜を粗みじん切りにしてオリーブ油と混ぜ合わせて作ったソース、青ねぎのソースともにイワナの刺身のおいしさを味わってもらう。

夏野菜のサルサベルデ

材料／1人分
大王イワナ（上身）…30g　◎夏野菜のサルサベルデ…30g　◎青ねぎのソース…10g　◎蒸し茄子のマリネ…35g　パクチー…適量

◎夏野菜のサルサベルデ
材料／作りやすい分量
生姜…10g　みょうが…20g　パクチー…15g　青唐辛子…2g　トマト…50g　ピーマン…40g　きゅうり…50g　おくら…20g　ライムの絞り汁…20g　EXオリーブ油…50g　塩…3g
作り方　すべての材料を粗みじん切りにして、混ぜ合わせたら、冷蔵庫で一晩おいて味をなじませる。

◎青ねぎのソース
材料／作りやすい分量
青ねぎ…90g　にんにく…2かけ　塩…6g　EXオリーブ油…200㎖
作り方　にんにくは3回茹でこぼして臭みを抜く。すべての材料をミキサーに入れて撹拌する。

◎蒸し茄子のマリネ
材料／作りやすい分量
茄子…150g　生姜のすりおろし…20g　塩…適量　オリーブ油…20㎖
作り方　茄子の皮をむいて約20分蒸し器で蒸す。熱いうちに生姜と塩、オリーブ油でマリネする。しっかり冷えたら、茄子を角切りにしておく。

作り方
1 イワナは3枚におろし、皮をひく。軽く塩をふって半日程度マリネする。水分が出てきたらキッチンペーパーで水気をふき取り、食べやすい大きさのそぎ切りにする。
2 皿の真ん中に「蒸し茄子のマリネ」をのせ、セルクルを置き「夏野菜のサルサベルデ」を詰め入れ、形を整えて抜く。
3 2に1のイワナのマリネをのせる。スプーンですくった青ねぎのソースを添え、仕上げにパクチーをあしらう。

注記：レシピ中、「EXオリーブ油」とあるものは、特に厳選したエキストラヴァージンオリーブ油を使用している。当店ではサラダオイルの代わりに太白ごま油を使用。

信州サーモン、夏野菜のプレッセ
リンゴコンブチャのジュレ
マイヤーレモンのコンディマン

リンゴを使ったジュレとレモンのソースで味わう夏のさわやかな前菜。とろけるような舌触りが特徴の、長野県で開発されたサーモンを使用。燻製マリネし、アスパラガス、きゅうりの夏野菜を巻すで巻き、美しい形に仕立て、客の目も楽しませる。

材料／8人分
信州サーモン燻製マリネ（自家製）…250g　アスパラガス…250g　きゅうり…250g　◎リンゴコンブチャジュレ…適量　◎マイヤーレモンのコンディマン…適量　ディル…少々

◎リンゴコンブチャジュレ

材料／作りやすい分量
液体A［リンゴコンブチャ＊…100㎖　レモンバーベナのハーブティー…100㎖　蜂蜜レモン＊…25㎖］　アガー（液体Aの総量の3％）

作り方　液体Aにアガー（できあがりに離水しにくい「イナアガーF」を使用）を加えて軽く沸いたらシャーレに10gずつ分けて冷やし固める。

＊リンゴコンブチャは、リンゴジュース（100％ストレート）1000㎖に、コンブチャ菌株1個を加えて、室温15～20℃で20～30日、毎日様子を見ながら好みの酸度になるまで発酵させる。今回はドレッシングに使うので、かなり酸度が強めになるまで発酵させている。リンゴの他にも季節の果物で作ることがある。

◎マイヤーレモンのコンディマン

材料／作りやすい分量
蜂蜜レモン＊…50g　白ワインビネガー…50g　EXオリーブ油…40g　塩…4g

作り方　材料をすべて合わせて混ぜる。

＊蜂蜜レモンは、マイヤーレモン1kgに蜂蜜200gを合わせて真空袋に入れ、真空状態にして、約2か月涼しいところ（15度前後）で発酵させる。途中、ガスで袋がパンパンになるので、その都度ガス抜きをして、真空にする。できあがったら液体とレモンとに分ける。レモンは細かく切っておく。

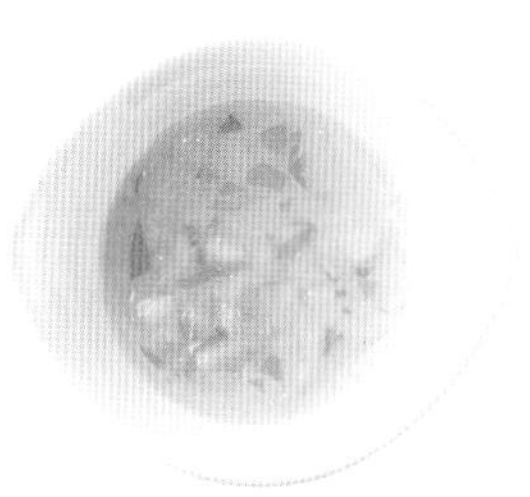

マイヤーレモンの
コンディマン

作り方

1 アスパラガスは、フライパンに入れてフタをして強火で約3分蒸し焼きにする。

2 きゅうり、サーモンは、それぞれ同じ大きさの拍子木に切る。

3 巻きすにラップを敷いて、1と2の材料を彩りよく交互に並べ、ロール状にしっかりと巻く。冷蔵庫に入れて十分に冷やして落ち着かせる。

4 3を取り出して、形が崩れないよう丁寧に1㎝厚さに切る。

5 皿に4のサーモンと野菜のプレッセを盛り、上から「リンゴコンブチャジュレ」をまわしかける。両サイドに「マイヤーレモンのコンディマン」、ディルを添える。

Memo

・コンディマンは、フランス語で自家製調味料、薬味といった意味。好みのスパイスやハーブを合わせた合わせ調味料の一種。

仮屋産活け鱧の炙《あぶ》り
和歌山あらかわの桃　パッションフルーツ、バジル

淡路島・仮屋の名産、脂ののった炙りハモと、甘くてみずみずしい和歌山のブランド桃の組み合わせは最高に相性の良い食べ味を生む。そこにトロピカルな味のパッションフルーツドレッシングをかけ、おいしさのハーモニーを楽しんでいただく。

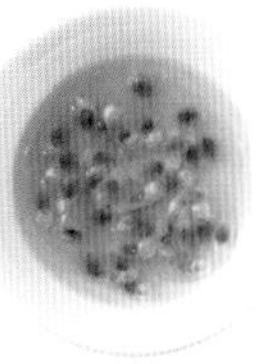

パッションフルーツのドレッシング

材料／1人分
ハモ（上身にして骨切りしたもの）…30g　桃…30g　バジル（せん切り）…適量　トマト（粗みじん切り）…10g　塩・オリーブ油…各適量　◎パッションフルーツのドレッシング…15g　ペリーラ（大葉のスプラウト）…適量

◎パッションフルーツのドレッシング
材料／作りやすい分量
パッションフルーツ…60g　白ワインビネガー…25g　メープルシロップ…25g　EXオリーブ油…85g　塩…3g
作り方　すべての材料をよく混ぜ合わせる。使うたびによく撹拌してから使う

作り方
1 ハモは皮目を直火で軽く炙って、氷を当てたバットに落として急冷して軽く塩をふっておく。
2 桃は皮をむいて食べやすい大きさに切り、バジルと合わせる。
3 トマトは、塩、オリーブ油でマリネして冷蔵庫に入れて一晩おく。
4 皿に3のトマトマリネを敷いて、2の桃と1のハモを盛る。「パッションフルーツのドレッシング」をかけて、仕上げにペリーラ（大葉のスプラウト）を添える

Memo
・仮屋は淡路島北東部にある漁港。ハモの名産地として知られる。店では大きめのハモ1～1.2kgを仕入れ、下処理をしたのち、骨切りをして料理に用いる。
・「あらかわの桃」は、古くから桃の生産が盛んな和歌山県紀の川市桃山町で栽培される白桃系の桃のブランド。糖度が高く、瑞々しく味がよいことで知られる。

かつおのたたき
フムス、デュカ、ソッカを添えて

空豆にヨーグルト・白胡麻・にんにくなどを混ぜ合わせて作る中近東等で親しまれているペースト状の料理「フムス」、エジプト料理で使われる香辛料「デュカ」、ひよこ豆で作るクリスピーな食感の「ソッカ」を、カツオのたたきと味わう。味と香りと食感のグラデーションが楽しい刺身料理。

空豆のフムス

材料／1人分
カツオのたたき…30g　ソッカ［ひよこ豆の粉（ペサン粉）…200g　水…180g　オリーブ油…20g　塩…3g］…適量　◎空豆のフムス…適量　デュカ…適量

◎空豆のフムス

材料／作りやすい分量
空豆…300g　A［プレーンヨーグルト…100g　白ごまペースト…70g　にんにく（すりおろし）…2.5g　塩…3g］

作り方　空豆は、さやから取り出し、黒いへそを取る。1%の塩水で約4分茹でる。フードプロセッサーに茹でた空豆を薄皮ごと入れ、Aも加えて撹拌し、ペーストにする。混ざりにくい場合は、豆の茹で汁を少々足す。

作り方

1 「ソッカ」を作る。すべての材料をよく混ぜ合わせて、数時間置いて生地を寝かせてから使用する。フッ素樹脂加工のフライパンに生地適量を薄くのばして両面こんがり、香ばしくなるまで焼く。

2 器に空豆のフムスを盛り、カツオのたたきの表面に塩をふってのせる。デュカを散らしてオリーブ油適量（分量外）をまわしかける。仕上げに1のソッカを添える。

Memo

・「ソッカ」は、グルテンフリーの薄焼きパンの一種。

・「デュカ」は、主にエジプトで使われるナッツを加えたシーズニングスパイスの一種。砕いたナッツとスパイスを合わせたもので、現地ではオリーブ油と一緒にパンにつけて食べるのが一般的。店では、ヘーゼルナッツ、カシューナッツを軽くロースト、白ごま、コリアンダーシード、クミンシードはから炒りし、唐辛子、塩と一緒にすり鉢に入れて、軽くする。

佐久鯉の洗い　ミントチャツネ
フレッシュアスパラガスのパスタ　オレンジのパウダー

薄造りにした信州産のコイの洗いを、ミントチャツネにディップして食べる新感覚の刺身料理。新鮮な信州産のアスパラガスをパスタ状にした新しい食感も提供。仕上げに柑橘類のオレンジパウダーを振りかけ、味にアクセントをつけた。

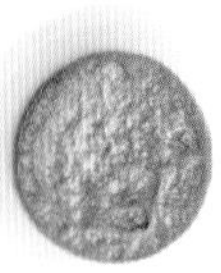

発酵ミント
チャツネ

材料／作りやすい分量
コイ…1尾（約1.5kg）　アスパラパスタ［アスパラガス…1本　塩…適量　自家製ガーリックオイル…適量　レモン汁…適量］　◎発酵ミントチャツネ…適量　◎オレンジパウダー…少々

◎発酵ミントチャツネ

材料／作りやすい分量
ミントの葉…100g　生姜…30g　コリアンダーシード…3g　クミンシード…3g　青唐辛子…3g　プレーンヨーグルト…15g　カシューナッツ…10g　レモン汁…5g　塩3…g

作り方　すべての材料をミキサーで撹拌する。清潔な密閉容器に入れ、冷蔵庫で1〜1.5ヶ月発酵させる。途中、状態をみながら清潔なスプーンで混ぜる。仕上がりが爽やかな酸味になっていればOK。

◎オレンジのパウダー

材料／作りやすい分量
オレンジ…3個　水…300㎖　トレハロース…90g

作り方　よく洗ったオレンジの皮をピーラーでむき、熱湯で3回茹でこぼす。水とトレハロースを合わせ30%のトレハロース水溶液を作り、茹でこぼしたオレンジをサッと炊いたら、100℃のコンベクションオーブンで乾燥させてからミキサーにかけてパウダーにする。

作り方

1　アスパラパスタを作る。アスパラガスは新鮮なものを用意し、ピーラーで薄くむいたら、塩、レモン汁、ガーリックオイルで和える。
2　コイは三枚におろして、皮を引いて薄くそぎ切りにする。
3　60℃の湯で2を洗うようにして引き上げたら、氷水で締めて水分をよくふき取り、冷やしておく。
4　3のコイの洗い20gを「ミントチャツネ」5gで和え、味を確認したら皿の中央に適量盛る。
5　アスパラパスタ30g（約½本分）を4の上に盛り、仕上げにオレンジパウダーをふりかける。

Memo
・「自家製ガーリックオイル」は、オリーブ油、にんにくのみじん切り、タカノツメを入れて弱火にかけ、にんにくが色づいてきたら火を止め、鍋ごと氷水に当てて急冷したもの。

夏野菜のガスパチョ 鯵のマリネ　タブーレを添えて

飲むサラダとして夏によく出すガスパチョと、酢〆したアジを合わせた夏場の一品。中近東で生まれた、クスクスと野菜で作るサラダ料理「タブーレ」を添え、上にイタリアンパセリやスプラウトなどをのせ、サラダ感をアップして提供する。

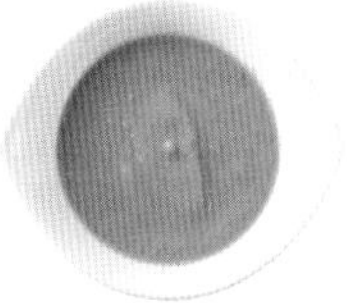

夏野菜の
ガスパッチョ

材料／1人分
◎鯵のマリネ…30g　◎タブーレ…30g　◎夏野菜のガスパッチョ…70㎖　A［スプラウト・アルファルファ・イタリアンパセリ…各適量］

◎鯵のマリネ

材料／作りやすい分量
アジ…1尾　塩（アジ重量の4％）…適量　穀物酢…適量

作り方　アジは三枚におろし、粗塩を全体にふって冷蔵庫に入れ、約2時間締める。脱水されるので、穀物酢で塩を洗い流し、水分をふき取る。バットに穀物酢、氷を張り、アジを入れてマリネして約10分おいたら、キッチンペーパーに包んで冷蔵庫に入れ、一晩寝かせる。

◎タブーレ

材料／作りやすい分量
クスクス…200g　バター…20g　塩・黒胡椒各適量　沸騰した湯…200g　きゅうり（みじん切りにして塩もみ後、水で洗ってキッチンペーパーで水気をとったもの）…2本分　ピーマン（みじん切り）…4個分　エシャロット（みじん切り）…20g

作り方　クスクスをボウルに入れて、バター、塩・胡椒を加える。沸騰した湯を全体にかけて、ラップをして約15分放置して蒸らしたら、手でほぐす。ここに、みじん切りにしたきゅうり、ピーマン、エシャロットを加えて塩で味を調える。

◎夏野菜のガスパチョ

材料／作りやすい分量
レッドオニオン…250g　きゅうり…250g　セロリ…180g　トマト…1200g　赤パプリカ…380g　塩…8g　オリーブ油…125g　シェリービネガー…40g

作り方　すべての材料を合わせて一晩マリネした後、すべてをミキサーに入れて撹拌する。必要であれば塩で味を調え、しっかりと冷やす。

作り方

1 「鯵のマリネ」は1.5㎝角に切り、レッドオニオン、レモン汁、オリーブ油、塩を加えて和える。
2 器に「夏野菜のガスパチョ」を流し入れる。
3 2に「タブーレ」を添えて、1を中央に盛り、Aを添える。

つぶ貝と初夏の豆　ローズマリー
アスパラガスとうまい菜のポタージュ

ツブ貝を、そら豆、スナップえんどうとともにドレッシングで和えた初夏のアミューズ。うまい菜、アスパラガスなどの野菜で作った冷製ポタージュをセットにして提供する。ワインだけでなく、日本酒にもよく合う。

材料／1人分

ツブ貝…1個　そら豆…10ｇ　スナップえんどう…20ｇ　◎アスパラガスとうまい菜のポタージュ…50㎖　◎自家製ドレッシング…10㎖　ローズマリー…少々

◎アスパラガスとうまい菜のポタージュ

材料／作りやすい分量

玉ねぎ(薄切り)…300ｇ　太白ごま油…適量　アスパラガス…500ｇ　うまい菜…200ｇ　昆布鶏だし(P.52参照)…700㎖　塩…適量

作り方　フライパンに太白ごま油、玉ねぎを入れ、甘みを引き出すように弱火で炒める。アスパラガス、うまい菜、昆布鶏だしを加えて約30分弱火で煮込む。これをミキサーでなめらかに撹拌する。色が飛ばないよう氷水を当てたボウルに流し入れ、しっかり冷えたら塩で味を調える(できあがり約1500ｇ)。

◎自家製ドレッシング

材料／作りやすい分量

フレンチマスタード…50ｇ　穀物酢…70ｇ　太白ごま油…300ｇ　濃口醤油…30ｇ

作り方　マスタードに酢、濃口醤油を加えてよく混ぜたら、太白ごま油を少しずつ加えてよく混ぜ、乳化させる。

作り方

1 ツブ貝は、ハンマーなどで殻を割る。中身を取り出し、身とキモに分ける。身は塩もみをしてぬめりを取り、サッと湯引きしたら氷水にとる。

2 そら豆はさやから取り出し、黒いへそを取り除く。スナップえんどうは両側の筋を丁寧に取り除く。

3 1％の塩水を沸騰させ、スナップえんどうは約1分茹で、冷めたら半分に切る。そら豆も同様の塩水で約4分茹でて薄皮をむく。

4 1のツブ貝と2の豆を合わせ、「自家製ドレッシング」、ごく細かくみじん切りにしたローズマリーを加えて和える。

5 グラスに冷やした「アスパラガスとうまい菜のポタージュ」を注ぎ入れ、4と一緒に供する。

Memo

・うまい菜は、ふだん草とも呼ばれ、葉は緑色で肉厚、軸白くて太めの葉野菜。クセがないので、調理しやすい。軸がカラフルなスイスチャードは同じ仲間。店では地元農家が作ったものを使用。しっかり火を入れると柔らかく、非常にうまみがある。

タイラギ　ミント　セロリのサラダ
いしる、アーモンドのソース

独特の風味のあるタイラギを、香りの強いミントとセロリと合わせ、ライスペーパーで巻いてサラダ感覚で食べてもらう。最後に魚醤のいしるとアーモンドで作ったソースをかけて提供するアジアンテイストの刺身料理。

材料／1人分

タイラギのサラダ［タイラギ…1個　セロリ…50g　ミント…15枚　フリルレタス…50g　ごま油…20g　塩・胡椒…各適量　ライスペーパー…1枚］　ミント・フリルレタス（飾り用）…各適宜　◎いしる・アーモンドのソース…20g

◎いしる・アーモンドのソース

材料／作りやすい分量

イワシのいしる…30g　バルサミコ酢…30g　EXオリーブ油…20g　ローストアーモンド（細かく砕く）…20g　エシャロット（みじん切り）…10g

作り方　すべての材料をよく混ぜ合わせる。

作り方

1 「タイラギのサラダ」を作る。タイラギは殻を開いて洗い、貝柱とヒモを切り分ける。貝柱は拍子木切りにする。ヒモは塩で揉んで、サッと湯引きして食べやすい大きさに切る。

2 セロリ、ミント、フリルレタスは、それぞれせん切りにする。

3 1と2を合わせて、冷蔵庫で十分に冷やす。

4 ライスペーパーを水で戻して、3のサラダを巻き、半分に切り分ける。

5 タイラギの殻はきれいに掃除して洗って皿にのせ、飾り用のミント、フリルレタスを置く。4のサラダを盛り、「いしる・アーモンドのソース」をまわしかけて仕上げる。

ライスペーパーで巻いたタイラギのサラダに、魚醤のソースをまわしかける。

本マグロの赤身 ズッキーニの花のベニエ とうもろこし、シェリービネガーのドレッシング

マグロをフライパンで炙って風味と旨みを引き出す。淡白な味のズッキーニをベニエ生地をつけて揚げ、メリハリのある味わいの付け合わせに。とうもろこしの粒を生かしたドレッシングをかける食感の変化がおもしろい。

材料／1人分
本マグロ…30g　ズッキーニの花…1個
◎ベニエ生地…適量　◎とうもろこしとシェリービネガーのドレッシング…20g　イタリアンパセリ…少々

◎ベニエ生地
材料／作りやすい分量
薄力粉…75g　片栗粉…30g　ベーキングパウダー…4g　塩…2g　水…150g　太白ごま油…5g
作り方　材料をすべて合わせて混ぜる。

◎とうもろこしとシェリービネガーのドレッシング
材料／作りやすい分量
とうもろこし…1本　A［シェリービネガー…80g　EXオリーブ油…100g　エシャロット（みじん切り）…50g　レモン絞り汁…30g　塩…6g］
作り方　とうもろこしは蒸してから、粒をつぶさないよう、きれいに取る。Aを混ぜ合わせて、とうもろこしを加えて混ぜる。

作り方
1 本マグロは塩をふり、高温に熱したフライパンで表面を焼く。
3 ズッキーニの花に薄力粉をまぶし、2のベニエ生地適量を薄くまとわせ、170℃の揚げ油でからりと揚げる。
4 皿に1のマグロと3のベニエを盛り、「とうもろこしとシェリービネガーのドレッシング」を添える。仕上げにイタリアンパセリの粗みじん切りを散らす。

とうもろこしと
シェリービネガーのドレッシング

青森産雲丹　青海苔と鶏節
万願寺唐辛子のグリル　パルメザンチーズ

コース料理のはじめに出し、そのオリジナル性とおいしさが次の料理の期待感を高める。海苔と鶏節のソースの後に、ウニの濃厚な味がくるという海を感じる刺身料理。途中でパリパリとしたパルメザンチーズのチュイールを食べてもらい、食べ味を変える。

材料／1人分
ウニ…20g　万願寺唐辛子…1本　◎パルメザンチーズのチュイール…1枚　◎青海苔、鶏節のソース…適量

◎パルメザンチーズのチュイール
材料／作りやすい分量
パルメザンチーズ(すりおろしたもの)…200g　薄力粉…20g
作り方　フッ素樹脂加工のフライパンにパルメザンチーズと薄力粉を合わせたものを薄くふり入れ、弱火でカリッと焼く。温かいうちに直径12㎝の丸いセルクルで抜いて冷ます。

◎青海苔、鶏節のソース
材料／作りやすい分量
昆布鶏だし＊…300㎖　生青海苔…150g
作り方　だしと青海苔を鍋に入れて火にかけ、ひと煮立ってきたら火を止め、塩で味を調えて氷水を当てて急冷する。
＊昆布鶏だしは、水に昆布を入れて一晩水出ししてから、65℃で約50分火にかけて昆布だしを取る。沸いた昆布だしに厚削りタイプの鶏節を加え、ふつふつとした状態で約45分炊いて、うまみを引き出したもの。

作り方
1 万願寺唐辛子は太白ごま油と水を同割で合わせたものにくぐらせて塩をふり、網焼きにして適当な大きさに切る。
2 皿に「青海苔のソース」を敷き、1の万願寺唐辛子、ウニの順にのせる。「パルメザンチーズのチュイール」を立てかける。

Memo
・鶏節は、カツオ節の製造技術を参考に、鶏肉を節に加工し、カツオ節のように薄く削ったもの。上品ながら濃厚なうま味を抽出できるため、近年注目されている食材。

白ミル貝　塩原さんの大きなアスパラガス　鶏胸肉　グレープフルーツ

蒸し焼きした大きなアスパラガスに、塩してオーブンで焼いた鶏胸肉をのせ、サッと湯通しして「グレープフルーツと白ミルのドレッシング」で和えた白ミル貝を重ねる。ドレッシングのほろ苦さと酸味が独特のおいしさをつくり、散らしたカシューナッツが味に深みを加える。

材料／作りやすい分量

鶏胸肉…350g　極太アスパラガス…1本(約80g前後)　◎グレープフルーツと白ミル貝のドレッシング…適量　カシューナッツ(細かく砕いたもの)…適量　塩…適量

◎グレープフルーツと白ミル貝のドレッシング

材料／作りやすい分量

ピンクグレープフルーツ(果肉と果汁合わせて)…100g　白ワインビネガー…20g　EXオリーブ油…50g　塩…4g　白ミル貝…1個

作り方

1 白ミル貝は殻をはずして下処理をしたら、身（水管部分）とヒモはサッと湯引きして氷水で急冷し、身の皮をむいて、水気をしっかりふきとる。適当な大きさに切る。

2 1のキモは80℃の塩水でゆっくりと茹でて中まで火を通す。急冷して適当な大きさに切る。

3 1と2とその他の材料すべてをよく混ぜ合わせる。

作り方

1 鶏胸肉は塩をふり、200℃のオーブンで約25分焼く。途中、何度か出し入れしながら加熱と放熱を繰り返し、火が通ったら、25分保温して寝かし、肉汁を落ち着かせる。これを1cm厚さに切る。

2 アスパラガスは塩をふり、フライパンで蒸し焼きにする。

3 皿の真中に4のアスパラガス1本を置いて3の鶏胸肉15gをのせ、「グレープフルーツと白ミル貝のドレッシング」を適量かける。仕上げにカシューナッツを全体にふる（以上、1人分の分量目安）。

Memo

・アスパラガスは、信州の農園から届く、超極太のアスパラガスを使用。毎日信州から採れたてのものを届けてもらい、収穫翌日にはレストランで提供している。新鮮な極太アスパラガスは非常に糖度が高く、柔らかくジューシーで、驚かれるお客様も多い。

イタリア料理の技法を融合し、旬の魚介の持ち味を活かす一皿に

■リストランテ　オガワ

住　　所／埼玉県さいたま市大宮区東町 2-288-1
　　　　　鈴木ビル 1 階
電　　話／048-783-3324
U R L ／https://www.ristorante-ogawa.com/
営業時間／11 時 30 分～15 時（L.O.14 時）、
　　　　　18 時～22 時（L.O.21 時）
定 休 日／日曜日

『Ristorante Ogawa』
オーナーシェフ
小川洋行

地元、大宮のリストランテでイタリア料理の世界に入る。その後イタリアに渡り、ミラノの5つ星ホテルの他、サルデーニャ州、リグーリア州、マルケな州ど各地のレストランで修業。2013年に『Ristorante Ogawa』を開業。日本イタリア料理協会の実行委員。

ホワイトショコラの冷製スープ 雲丹と蟹、白エビの炙り添え

夏が旬の魚介と野菜を組み合わせた刺身料理。ソースにしたのが、とうもろこし。甘みが非常に強く魚介の旨みを引き立てる品種のホワイトショコラをスープにして使用した。魚介は、ウニと、富山名産の白エビ、それに毛ガニの3種類。魚介は表面をサッと炙り、うま味を凝縮させ、香ばしさもプラス。とうもろこしの甘さは、その香ばしさとも相性が良い。

材料／2人分
ウニ…適量　旬のカニ足（写真は毛ガニ）…適量　白エビ…適量　あさつき（小口切り）…適量
◎ホワイトショコラの冷製スープ

作り方
1 器にホワイトショコラの冷製スープを流す。
2 ウニ、カニの足、白エビは表面をサッと炙る。
3 1に2をのせ、あさつきをちらす。

◎ホワイトショコラの冷製スープ

材料／作りやすい分量
ホワイトショコラ…2本　ミネラルウォーター…適量　塩…少々

作り方
1 ホワイトショコラは、実と芯に分ける。
2 1の芯は、ミネラルウォーターとともに鍋に入れ、約20分煮出して風味を移す。
3 2は別鍋に漉し入れ、1の実を入れて再沸騰させたら、ミキサーに入れて回す。冷ましたら冷蔵庫で冷やしておく。

ホワイトショコラの冷製スープ

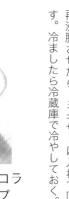

ヒラメのカルパッチョ

ヒラメの身のカルパッチョに、香ばしく炙ったエンガワも添えて、味わいの変化を楽しませた一皿。ヒラメは塩で締めた後にレモン汁を染み込ませ、酸味でヒラメのうま味を引き立てる。玉ねぎを使ったドレッシングで、食感でも変化を出した。2日かけて作る透明なトマトウォーターのジュレが見た目にも華やかで、ヒラメのうま味をさらに強化する。

材料／1人分
ヒラメ…100g　塩・胡椒…各適量　レモン汁…適量　オリーブ油…適量
キャビア…小さじ1　アマランサス…適量
さやえんどうの若菜…適量　トマトパウダー（トマトの皮を乾燥させ粉末にしたもの）…少々
◎玉ねぎドレッシング…適量
◎トマトウォーターのジュレ…適量

作り方
1 ヒラメはウロコを引いて頭を落とし、内臓を出して5枚におろし、皮を引く。エンガワは外しておく。
2 身は薄くそぎ切りにして、塩をし、浮いてきた水分を拭き取って胡椒で下味を付け、レモン汁をふって10分ほど置く。
3 皿に2を盛り、ドレッシングを適量かけ、トマトウォーターのジュレをのせる。キャビア、アマランサス、さやえんどうの若菜を添え、トマトパウダーをふる。
4 1のエンガワは、オリーブ油と塩をし、サッと炙って別容器に盛り、皿に添える。

◎玉ねぎドレッシング
材料／作りやすい分量
玉ねぎ（みじん切り）…1個分　マスタード…大さじ1　レモン…½個　サラダ油…300㎖　塩・胡椒…各適量
作り方　材料をボールで混ぜ合わせる。

◎トマトウォーターのジュレ
材料／作りやすい分量
トマト…5個　レモン汁…1個分　板ゼラチン…全体の1％　塩…適量
作り方
1 トマトはヘタを取ってぶつ切りにし、ミキサーに入れ、塩、レモン汁を加えて撹拌する。
2 キッチンペーパーを敷いたザルに入れ、2日間かけて1滴ずつトマトのうま味を抽出する。
3 トマト液の3％のゼラチンを水でふやかす。
4 2のトマト液を鍋に入れて少し温めたら、3のゼラチンを入れて溶かし、バットにあけ、冷やし固めてジュレにする。

玉ねぎドレッシング

真ダコのタリアータ、トマトウォーターのジュレとキャビア添え

真ダコの足を、薄くスライスして花びらのように巻いて盛り付けた。タコは時間をかけてもむことで、茹でても柔らかな食感を保つ。さらに、イタリアではタコとの定番素材であるじゃが芋、タコの味わいによく合うタップナードソースも組み合わせた。トマトウォーターのジュレは、タコの硬さに合わせて57ページのレシピより少し固めにしている。

材料／1皿分
真ダコ(スライス)…6〜7枚
セミドライトマト(ミニトマトを100℃のオーブンで乾燥させたもの)…1個　キャビア…少々　マイクロハーブ…適量
◎トマトジュレ…適量
◎じゃが芋のピュレ…適量
◎タップナードソース…適量

作り方
1 真ダコの下処理を行う。頭を裏返して内臓と墨袋を取り、目とクチバシを切り取り、ボールに入れ、塩はせずにぬめりが取れるまで、約1時間やさしくもみ続ける。泡立ってくるが、それでももみ続け、1時間ほどでぬめりを水で洗い流す。
2 鍋にお湯を沸かし、タコの1%量の狭山茶を入れて煮出したら、1のタコを入れ、再沸騰したらザルにあげて冷ます。
3 2のタコが冷めたら、使いやすい大きさにカットし、冷凍庫で冷凍する。
4 3のタコを取り出し、半解凍させたら、縦に薄切りにする。
5 皿の中央にじゃが芋のピュレを流し、4のタコを花びらのように盛り付ける。トマトウォーターのジュレを添え、タップナードソースを流す。キャビア、セミドライトマト、マイクロハーブを飾る。

◎トマトウォーターのジュレ
材料／作りやすい分量
トマト1kg　レモン汁…1個分　ゼラチン…全体の3%　塩…適量
作り方
1 トマトはヘタを取ってぶつ切りにし、ミキサーに入れ、塩、レモン汁を加えて撹拌する。
2 キッチンペーパーを敷いたザルに入れ、2日間かけて1滴ずつトマトのうま味を抽出する。
3 トマト液の3%のゼラチンを水でふやかす。
4 2のトマト液を鍋に入れて少し温めたら、3のゼラチンを入れて溶かし、バットにあけ、冷やし固めてジュレにする。

◎じゃが芋のピュレ
材料／作りやすい分量
じゃが芋…1個　バジル…5枚　EXオリーブ油…適量　白ワインビネガー…適量
塩・胡椒…各適量
作り方　じゃが芋は、皮付きのまま塩茹でにして裏漉しし、刻んだバジル、オリーブ油、白ワインビネガーを加えて混ぜ、塩で味を調える。

◎タップナードソース
材料／作りやすい分量
グリーンオリーブ…50g　ケッパー…10g　EXオリーブ油…適量
作り方　材料をミキサーに入れて回す。

タップナードソース

ハマチのソットアチェート
ハーブサラダ添え

ソットアチェートとはイタリア料理で言う酢漬けのことで、夏が旬のハマチを、さっぱりと食べてもらうために考案した一品。ハマチは塩をして、1時間ほどしっかり締め、マリネ液に漬け込んだものを使う。マリネ液とオリーブ油を乳化させたソースでうま味を足し、マリネ液に使った野菜も使って酸味を加え、複雑さを楽しませる。

材料／1人分
ハマチ…スライス3枚　塩…適量　白胡椒…適量
スティッキオ…適量　塩…適量　EXオリーブ油…適量　サンブーカ…適量オレンジ果汁…適量　セルフィーユ…適量
◎マリネ液…適量

作り方
1 ハマチはサクに取り、塩、白胡椒をし、約1時間締めたら、水で塩を洗い流し、水分を拭き取る。
2 マリネ液は少量を残して1のハマチを1日漬け込む。
3 スティッキオは塩茹でにし、オリーブ油と和えて冷まし、食べやすい大きさにカットしたら、アルコールを飛ばしたサンブーカとオレンジ果汁を合わせたものとともに真空にかける。
4 翌日、2のハマチを取り出して薄切りにする。
5 2で残しておいたマリネ液2に対し、1の割合でオリーブ油を合わせ、かき混ぜて乳化させ、ドレッシングを作る。
6 マリネ液に漬った香味野菜を細かく刻んで4のハマチでくるみ、器に盛り、5のドレッシングをかける。3のスティッキオを取り出して添え、EXオリーブ油を軽くかける。セルフィーユを飾る。

◎マリネ液
材料／作りやすい分量
白ワインビネガー…100㎖　白ワイン…100㎖　水…300㎖　砂糖…30g　塩…大さじ1　黒胡椒（ホール）…10粒　ローリエ…1枚　玉ねぎ（スライス）…½個分　人参（せん切り）…½本分　セロリ（せん切り）…1本分　ミニきゅうり…5本　パプリカ（赤・黄）…各1個
作り方　鍋に全ての材料を入れ、沸騰したら弱火で8分茹でる。そのまま冷まし、冷蔵庫で保存する。

マリネ液

サーモンの燻製　自家製リコッタ　レモン風味
イクラのソースとイカ墨のチュイール添え

燻製香を付けたサーモンの刺身料理。サーモンはサワークリームなどの酸味とよく合うことから、牛乳とレモンで自家製リコッタチーズを作り、組み合わせた。さらにイクラを裏漉しして、それをソース代わりとしたのもポイント。上にはイカスミのチュイルをのせて、色彩的に締める。

材料／1人分
サーモン…50gのサク　塩・胡椒…各適量　リコッタチーズ（牛乳…1000㎖
ノーワックスレモン…1個　塩…一つまみ）　イクラ…少々　オリーブ油…適量
チュイル（イカ墨…大さじ2　水…200㎖　小麦粉…20g　サラダ油60g）
◎イクラの裏漉し…適量

作り方
1 リコッタチーズを作る。レモンは絞り汁と皮に分け、皮は刻んでおく。
2 皮以外の全ての材料を混ぜ、常温で1時間置いたら、火にかけ、沸騰直前で火を止め、分離したチーズをすくって水分を取り、刻んだ皮を混ぜる。
3 チュイルを作る。材料を全て混ぜ、冷蔵庫で一晩寝かせたら、よく混ぜて中火にかけたテフロンパンに流し、水分がなくなるまで焼いて取り出す。
4 サーモンは塩、胡椒し、脱水シートで1日包んで水分を抜く。
5 サーモンを取り出し、燻製シートに包み、ラップで包んで最低3時間置く。燻製の香りは好みで包む時間を変えるとよい。
6 皿に5のサーモンをスライスして盛り、2をクネル状にしてのせ、3のチュイルを添える。イクラに裏漉ししたイクラ、オリーブ油、ディルを飾る。

イクラの裏漉し

石垣貝と彩り野菜のマリネ添え 完熟トマトのガスパチョ

石垣貝とは、初夏から夏にかけてが旬で、トリ貝に似た希少で高価な貝。歯応えがあって甘みが強いことから、その個性を活かした一皿に仕上げた。まず石垣貝はマンゴービネガーでマリネしてトロピカルな風味にし、貝と相性の良いガスパチョをソースとして使った。甘みのある酸で、少し甘酸っぱい感じが爽やかさを誘う。上に添えたのは貝類のだしの泡。

材料／2人分

石垣貝…4枚　きゅうり…½本　パプリカ（赤・黄）…適量　マンゴービネガー…適量　ホワイトバルサミコ酢…適量　オリーブ油…適量　塩・胡椒…各適量　ソレル…適量　貝類（アサリやハマグリなど）のだし…適量　レシチン…適量

◎ガスパチョ…適量

作り方

1 石垣貝は口を開けて身を取り出し、ワタなどを取り除いて掃除をしたら、マンゴービネガーでマリネする。

2 きゅうりとパプリカは、5ミリ角にカットし、サッと塩茹でにしたら、ホワイトバルサミコ酢、オリーブ油、塩、胡椒でマリネする。

3 貝類のだしはレシチンを入れ、ハンドミキサーで撹拌して泡を作る。

4 ガスパチョを器に敷き、2を石垣貝でくるんで中央に盛る。3の泡をのせ、ソレルを添える。

◎ガスパチョ

材料／作りやすい分量

A［完熟トマト（ざく切り）…300g　ピーマン（1cm角）…1個分　赤パプリカ（1cm角）…1個分　きゅうり（ざく切り）…½本分　玉ねぎ（1cm角）…少量　バゲット（1cm角）…適量　にんにく（みじん切り）…1片分］

B［シェリービネガー…大さじ1　オリーブ油…大さじ1　野菜ジュース…50ml　クミン…少々　塩・胡椒…各適量］

作り方

1 Aの材料をミキサーに入れ、20秒ほど混ぜる。

2 1にBの材料を入れ、さらに20秒ほど混ぜる。

3 塩とビネガーを少しずつ加えて味を決めたら、冷蔵庫で冷やしておく。

ガスパチョ

カツオと新玉ねぎ、ルーコラセルバチカのクレープ包み

バーニャカウダソース

カツオのたたきからヒントを得て考案。イタリア料理にあるクレープ包みの料理法を取り入れ、旬野菜をソースや具材としてカツオとともに、クレープ包みにした。カツオのたたきで使われるにんにくは、バーニャカウダソースの素材として使用した。カツオは強めに塩をして脱水。その後、香草オイルをぬってバーナーで炙り、香ばしさを出した。

材料／2人分

クレープ生地（卵…1個　牛乳…250㎖　溶かしバター…30g　薄力粉…100g　粉糖10g　塩…一つまみ）…1枚　カツオ…1枚　ルーコラセルバチカ…1枚　パプリカ（赤・黄）…各¼個　新玉ねぎ…¼個

EXオリーブ油…適量　とうもろこしのヒゲ…適量

◎とうもろこしのピュレ…適量　◎バーニャカウダソース…適量

作り方

1 クレープ生地を作る。粉類と塩はふるいにかけ、残りの材料とともにボールに入れて馴染ませ、冷蔵庫で1日休ませる。

2 テフロンパンに生地を薄く流し、両面を焼いて冷ましておく。

3 とうもろこしのヒゲはオリーブ油をかけて含ませ、食品乾燥機で乾かしておく。

4 カツオは塩、胡椒し、脱水シートに包んで半日置く。

5 取り出したら、表面を炙ってたたきにし、スライスする。

6 新玉ねぎは、アルミホイルに包んで150℃のオーブンで1時間焼き、皮と焦げた部分を取り除く。

7 パプリカは皮を直火で焼き、皮をむき、食べやすい大きさにカットし、バーニャカウダソースと合わせる。

8 クレープ生地を広げ、ルーコラセルバチカ、5のカツオ、7、6の新玉ねぎをはがして¼カットしたもの順にのせ、丸めて包む。

9 8をカットして器に盛り、とうもろこしのヒゲを添え、とうもろこしのピュレを流す。

◎とうもろこしのピュレ

材料／作りやすい分量

とうもろこし…適量　塩…適量

作り方　とうもろこしは塩茹でにし、実と茹で汁をミキサーに入れて回す。茹で汁の量を加減して濃度を決める。

◎バーニャカウダソース

材料／作りやすい分量

にんにく…250g　牛乳…適量　アンチョビ…150g　オリーブ油…200㎖

作り方

1 にんにくは皮をむき、ひたひたの牛乳とともに鍋に入れて茹でこぼす。3回繰り返す。

2 1のにんにくと残りの材料をミキサーに入れ、よく混ぜ合わせる。

ホッケとオレンジのサラダ サンブーカの香り

生では食べることの少ないホッケだが、店では船上の活け締めで生食できるホッケが手に入ることから、生で使用。ホッケ特有の白身のトロのような味わいで、オレンジと相性が良いので、オレンジの皮、果肉、オレンジ風味のオイルのパウダー、サンブーカ風味のジュレと様々なスタイルで組み合わせて楽しませる。トマトのジュレもアクセントで添えた。

玉ねぎドレッシング

材料／1皿分

ホッケ…切り身3～6枚　塩・胡椒…各適量　レモン汁…適量　オレンジの果肉(くし形)…3袋　オレンジ果汁…適量　ゼラチン　オレンジ果汁の3％　グラニュー糖…少々　キャビア…少々　サンブーカ…50㎖　マイクロハーブ(アマランサス、クレイジーピー)…少々　レモンピール…1個分　オリーブ油…100㎖　マルト…適量

◎玉ねぎドレッシング…適量　◎トマトのジュレ…適量

作り方

1 鍋にサンブーカを入れて火にかけ、アルコールを飛ばしたら、オレンジ果汁を入れて馴染ませ、全体の3％量のふやかしたゼラチンを入れて溶かし、冷やし固める。

2 オレンジの皮はせん切りにし、水から3回茹でこぼしたら、グラニュー糖と水分でゆるく火を入れて冷ます。

3 ホッケは、塩、胡椒、レモン汁でマリネする。

4 レモンピールの白い部分を取り除き、オリーブ油とともに真空にかけ、香りを移す。

5 4はボールに移し、マルトを入れてパウダー状になるまでホイッパーで混ぜる。

6 器にオレンジの果肉と3のホッケをのせ、玉ねぎドレッシングを少量かけ、1のジュレを盛る。その上にキャビア、オレンジピール、マイクロハーブを添える。横に5のパウダー状のオリーブ油とトマトのジュレを添え、マイクロハーブを飾る。

◎玉ねぎドレッシング

材料／作りやすい分量

玉ねぎ（みじん切り）…1個分　マスタード…大さじ1　レモン…½個　サラダ油…300㎖　塩・胡椒…各適量

作り方　材料をボールで混ぜ合わせる。

◎トマトのジュレ

材料／作りやすい分量

フレッシュトマト…適量　塩…少々　ゼラチン…適量

作り方　フレッシュトマトはざく切りにしてミキサーで回し、鍋にあけて火にかける。沸騰直前で火からおろし、塩少々とゼラチンを加えて混ぜ、容器に移して冷蔵庫で冷やす。

天然鮎と万願寺とうがらし
古代米を練り込んだ冷製パスタ

川魚は生食することは少ないが、この料理では地元・秩父の天然アユを三枚におろして冷凍にかけ、さらに皮目を炙ることで生食の一品に仕立てた。ソースにもアユの肝を利用。香草とよく合うアユの特性を活かし、香草オイルやソースにも香草を使った。ソースのジェノベーゼは、本来はチーズが入るが、魚との組み合わせから動物性素材のチーズは外した。

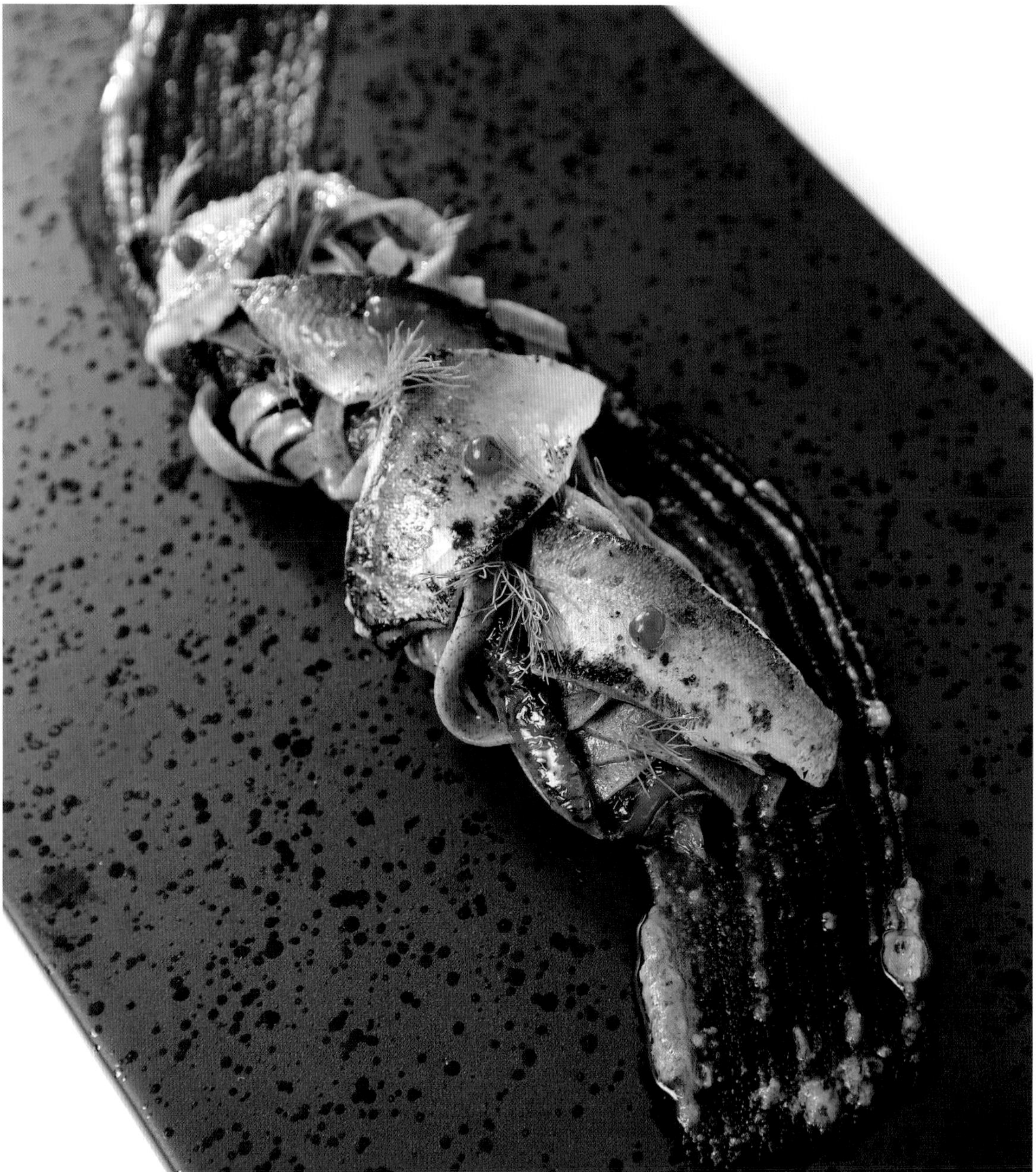

材料／1人分
天然アユ…1尾　万願寺唐辛子…1本　魚のだし…大さじ1　ディル…適量　ピンクペッパー…少々　香草油…適量　EXオリーブ油…適量　にんにく…1片　塩・胡椒…各適量　パスタ（中力粉…100g　黒米粉…20g　全卵…1個　塩…一つまみ）
◎ジェノベーゼソース…適量
◎肝のソース…適量

作り方
1　パスタを作る。ボールに中力粉を入れて中央をくぼませ、卵、塩、黒米粉を入れ、練る。なめらかになったらラップで包み、冷蔵庫で1時間寝かせたら、パスタマシンでのばしてカットする。
2　アユは3枚におろし、塩、胡椒をして一口大にカットし、香草油をぬったバットに皮目を上にしてのせ、冷凍する。
3　小鍋ににんにくとオリーブ油を入れて火にかけ、香りが出たら魚のだしを入れ、冷やしておく。
4　万願寺唐辛子は、香草油を塗り、直火で焼く。冷めたらヘタと種を取り除き、一口大にカットし、3の鍋に入れる。
5　2のアユを取り出し、冷凍のまま皮目に香草油を塗り、バーナーで半生に炙る。身の側に肝のソースを塗る。
6　1のパスタは塩茹でにして冷水で冷やし、水分をきって3の鍋に入れ、必要なら塩、EXオリーブ油で味を調える。
7　器に肝のソースをハケで彩りよく塗り、その上に6をのせ、5のアユを盛る。ピンクペッパーとディルを添える。

◎ジェノベーゼソース
材料／作りやすい分量
バジリコの葉…50g　にんにく…2片　松の実…20g　塩…少々　EXオリーブ油…適量
作り方　材料をミキサーに入れて回す。

◎肝のソース
材料／作りやすい分量
アユの肝…2　ジェノベーゼソース…1
作り方　アユの肝は、サッと塩茹でにして裏漉しし、ジェノベーゼソースと混ぜ合わせる。

肝のソース

イワシのフレッシュアンチョビと発酵バターのクロスティーニ

イタリア・ミラノには、アンチョビとバターを、トーストしたパンにのせたおつまみで有名な店があり、それを食べてシェフは衝撃を受けたという。そのことをヒントに、生のイワシでアンチョビの風味を表現したのがこの料理。イワシは、塩をきつめにして1日脱水にかけ、イタリアの魚醤であるガルムに漬けて発酵した風味を出した。

ガルム

材料／1皿分
イワシ…3尾　ガルム…適量　塩…適量　発酵バター…適量　バゲット…適量
セルフィーユ…少々

作り方

1 イワシは頭と内臓を除いて3枚におろし、皮を引き、塩をして2時間ほど置き、水分を抜く。

2 1のイワシは水で洗って塩を落とし、脱水シートで挟み、1日置いてさらに水分を抜く。

3 ガルムは水で適度に薄め、脱水シートから取り出したイワシとともに真空パックに入れ、1日なじませる。

4 バゲットは適当な厚さにスライスし、オーブンでカリカリに焼く。

5 3の真空パックからイワシを取り出して皿に盛り、セルフィーユを飾る。くり抜いた発酵バターと4のバゲットを添える。バゲットにバターとイワシをのせて、一緒に召し上がっていただく。

刺身料理の楽しさ・奥行きを広げる〃つけ醤油〃の魅力を打ち出す

『京料理　よこい』

横井　清

■京料理 よこい

住　　所／東京都台東区浅草1－13－1
電　　話／03-3845-1655
不定休　昼夜とも1万円～（完全予約制）
営業時間／昼11時30分～14時(L.O.)
　　　　　夜17時30分～22時

素材と伝統技法を大切にする会席料理店。長年の経験をもとに、素材の持ち味を生かしながらひと手間かけた味づくりを行っている。その日その時季の味を求めて来店するお馴染みのお客様が多い。

料理制作協力／高橋孝幸・国分琢磨・横井　彰

平目の蕨《わらび》巻き 蕗《ふき》醤油添え

繊細な旨みをもつ白身の代表格のヒラメに春の山菜の香りを合わせた一品。そぎ造りにしたヒラメでわらびを巻き、これを蕗醤油で楽しませる。蕗醤油のふきのとうは軽く焼いて香ばしさを加えている。下にうるいも盛り、春の豊かな風趣を感じさせる。

材料

ヒラメ　わらび（昆布だしに浸したもの）　うるい（茹でて吸い地に浸したもの）　花穂じそ　より人参　むら芽　わさび

作り方

1 蕗醤油を作る（下記の蕗醤油の作り方を参照）。

2 芯にするわらびを仕込む。わらびをバットに並べて全体に重曹を振りかけ、熱湯をよくかけて冷ましておき、水にさらす。この後、15分ほど昆布だしに浸す。

3 土台にするうるいを仕込む。うるいをサッと塩茹でし、甘めの吸い地に30分ほど浸す。

4 ヒラメは五枚におろして皮を引き、そぎ切りにする。

5 2のわらびを4のそぎ身の幅に合わせて切り、これを数本芯にして4で巻く。

6 器に約5㎝に切った3のうるいを敷き、上に5を立体に盛る。

7 2のわらびの穂先、花穂じそ、より人参等を飾る。

8 蕗醤油を添える。

◎蕗醤油

材料

ふきのとう…2個

A［薄口醤油…大さじ2　甘ダレ…大さじ2　えごま油…小さじ2］

※甘ダレは煮切り味醂1：濃口醤油2の割合で混ぜたもの。

1

2

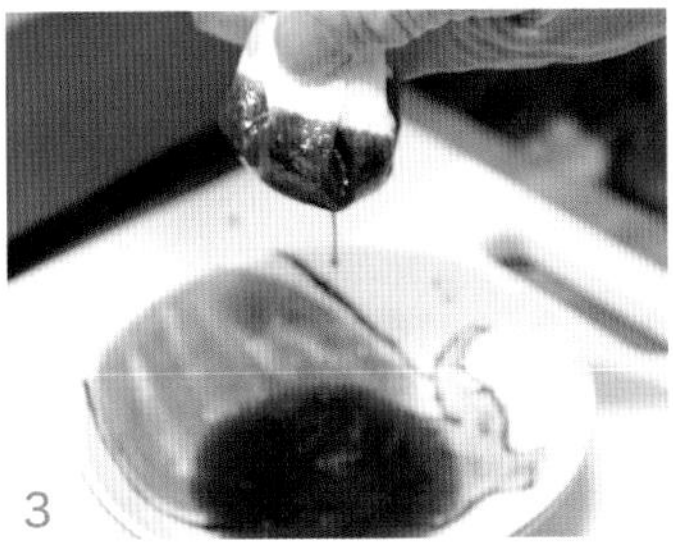
3

1 ふきのとうを表面に焼き色がつく程度まで焼く。

2 1のふきのとうをみじん切りにし、Aの材料とよく合わせる。

3 器の上にキッチンペーパーを広げ、その上に2を入れて包み、絞って漉す。

平目の蕪《かぶら》巻き唐墨まぶし グレープフルーツ醤油添え

京都名産のかぶの千枚漬けを芯に、昆布〆にしたヒラメで巻いて、まわりをカラスミでまぶし、これをグレープフルーツ醤油で味わう。複雑で独特の旨みと香り、食感が楽しめる。千枚漬けは酒洗いするなどほどよい味わいになるひと手間をかけている。

材料

ヒラメ（昆布〆）　かぶ（聖護院かぶ千枚漬）　カラスミ　菜の花（茹でて吸い地を含ませたもの）　ラディッシュ　花穂じそ　むら芽　わさび

◎グレープフルーツ醤油

材料

グレープフルーツ果汁…大さじ2　薄口醤油…大さじ1　バルサミコ酢…小さじ1

作り方

1 グレープフルーツ醤油を作る。グレープフルーツ果汁、薄口醤油、バルサミコ酢を合わせ、よく混ぜる。

2 かぶの千枚漬けを仕込む。千枚漬けを酒で洗い、水気を切って折り重ね、ヒラメのそぎ身の幅に合わせて切る。

3 さく取りしたヒラメをそぎ切りにして15～20分昆布〆にし、まな板に開いて2のかぶを芯に巻く。

4 おろし金で細かくおろしたカラスミに、3のかぶを巻いたヒラメの外側を丁寧にまぶす。

5 器に4を立体的に盛る。

6 ラディッシュ、菜の花を天に盛り、花穂じそを飾り、むら芽、わさびを添える。

7 グレープフルーツ醤油を添える。

グレープフルーツ醤油

平目乱盛り 梅醤油添え

そぎ造りにしたヒラメを重ね折りにし、無造作に重ねて盛ったもの。山菜のこごみ、ヒラメの皮の湯引きなどを盛り合わせる。梅醤油は梅干しや最近健康面で注目されているアマニ油などを使い、適度な酸味とコクでヒラメに新鮮な味わいを加えている。

材料

ヒラメ　ヒラメの皮の湯引き　こごみ　赤パプリカ(甘酢漬)　桜大根　ラディッシュ　大葉　わさび

◎梅醤油

材料

梅肉…20g(梅干し2個分)　アマニ油…小さじ2　煮切り味醂…小さじ1　薄口醤油…大さじ1

作り方

1 梅醤油を作る。梅干しから梅肉を取り、アマニ油、煮切り味醂、薄口醤油を少しずつ加えながらよく混ぜ合わせていく。

2 こごみを仕込む。塩少々、重曹を入れて茹で、水にさらし、濃いめの昆布だしに浸す。

3 さく取りしたヒラメをそぎ切りにして半身に折る。

4 器に大葉を敷き、3のヒラメを重ねて盛る。

5 桜大根、ラディッシュ、ヒラメの皮の湯引きを盛り合わせる。

6 こごみ、細切りした赤パプリカをあしらい、わさびを添える。

7 梅醤油を添える。

梅醤油

鮎並《あいなめ》姿造り 味噌にんにく添え

アイナメの豪快な姿造り。焼霜にし、皮目を活かして盛っている。ブロッコリーやつま類などの緑のものをたっぷりと盛り合わせ、ヘルシーなイメージを強調。淡白な旨みのアイナメの刺身を、ちょっとクセのある味噌にんにくで現代風にアレンジ。

材料

アイナメ　ブロッコリー（軽く茹でて吸い地を含ませたもの）　きゅうり・人参・かぼちゃ（各つま）　おご海苔　むら芽　花穂じそ　わさび　大葉　くま笹

◎味噌にんにく

材料

玉味噌…大さじ2　にんにく…1かけ　和辛子…小さじ½　甘酢…小さじ1　土佐醤油…少々

※甘酢は、米酢5合、水5合、砂糖300g、塩小さじ2を混ぜて作る。

※玉味噌は、西京味噌1kg、卵黄10個、味醂2合、砂糖100g、昆布50g（酒で洗って水分を含ませておく）、酒3合を鍋に入れて、30〜40分ほど弱火で練り上げる。

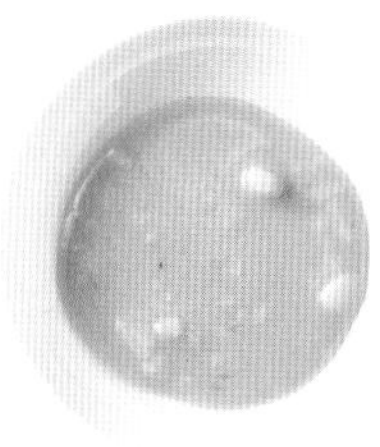

味噌にんにく

作り方

1 味噌にんにくを作る。にんにくをみじん切りし、玉味噌、甘酢、和辛子などの材料と合わせてよく混ぜる。

2 アイナメはウロコを引き、中骨に頭と尾を残して三枚におろす。

3 おろし身は皮目に軽く塩を振り、皮目をバーナーで炙って平造りにする。

4 ブロッコリーやおご海苔を下にたっぷり盛り、頭、中骨、尾をのせ、その上に笹を敷いて3のアイナメを姿に盛り、花穂じそを飾る。

5 かぼちゃ、人参、きゅうりなどのつま類も多めに盛る。

6 むら芽、わさびを添える。

7 味噌にんにくを添える。

鮎並そぎ造り　黄身オイル添え

皮目を焼霜にし、厚めにそぎ切りにしてガラス器に盛り、夏季の魚らしく涼し気な見栄えに。添えるのは卵黄にアマニ油と土佐醤油を加えた黄身オイル。アイナメの旨みに黄身オイルのコクが加わって濃厚な味わいが楽しめる。

材料

アイナメ　花穂じそ　重ねよりきゅうり・人参　むら芽　わさび　大葉

作り方

1 黄身オイルを作る（下記黄身オイルの作り方を参照）。
2 三枚におろしたアイナメの皮目を軽く炙る。
3 2をそぎ切りにし、重ね折りにする。
4 ガラス器に大葉を敷き、3をバランスよく立体に盛る。
5 花穂じそ、重ねよりきゅうり・人参を飾り、むら芽、わさびを添える。
6 黄身オイルを添える。

◎黄身オイル

材料

卵黄…1個　水塩…1〜2滴　アマニ油…小さじ2　土佐醤油…小さじ¼

※水塩は、水1.8ℓ、塩1kg、卵の殻5個、卵白3個分、爪昆布5枚を鍋でゆっくり加熱して塩を溶かし、塩が自然に溶けてからアクを取り、裏漉しする。

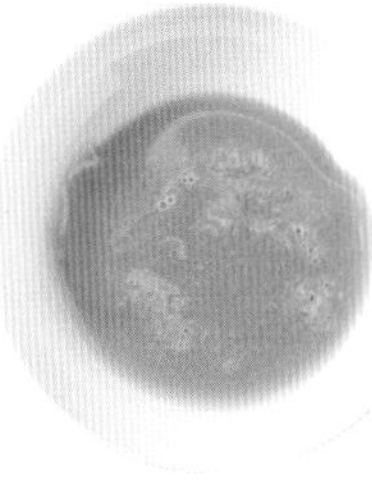

1 卵黄に水塩を加えてよく混ぜる。
2 1にアマニ油を加えて混ぜながらのばす。
3 最後に土佐醤油を加えて混ぜ合わせる。

鮎並平造り　アンチョビドレッシング添え

皮目を焼霜にし、平造りにしたアイナメを、アンチョビドレッシングで楽しませる。アンチョビのほどよい旨みと塩味を効かせたつけ醤油が、ひと味違ったアイナメの味わいとなり、日本酒だけでなくワインなどにもマッチするおいしさに。

材料

アイナメ　ブロッコリー（軽く茹でて吸い地を含ませたもの）　きゅうり（けん）　花穂じそ　より人参　むら芽　わさび

◎アンチョビドレッシング

材料

アンチョビ…18g　オリーブ油…小さじ1

土佐醤油…小さじ1　煮切り酒…小さじ1

作り方

1 アンチョビドレッシングを作る。アンチョビを包丁で細かくたたいてから、オリーブ油、土佐醤油、煮切り酒を加えて混ぜ合わせる。

2 三枚におろしたアイナメの皮目を炙って平造りにする。

3 器に2のアイナメを盛り、ブロッコリー、きゅうりのけんを盛る。

4 花穂じそ、より人参、むら芽を飾り、わさびを添える。

5 アンチョビドレッシングを添える。

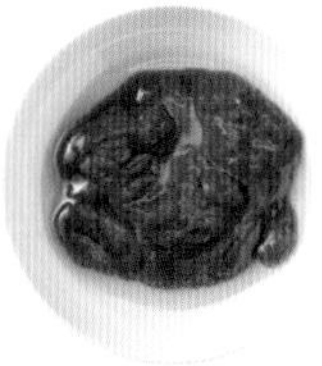

アンチョビドレッシング

カマス焼霜造り 青蓼《あおたで》醤油添え

カマスを焼霜にし、器に合わせて色紙造りして盛る。土佐醤油に酢を加え、青たでをすったものを適量合わせた青蓼醤油を添え、厚めに切ったカマスを青たでの風味で味わう。上品な旨みのあるカマスをさらに香りよく楽しむことができる。

材料
カマス　みょうが　人参(つま)　大根(つま)
花穂じそ　大葉

◎青蓼醤油
材料
土佐醤油…大さじ4　酢…小さじ1　青たで(すりおろし)…適量

作り方
1 青蓼醤油を作る。土佐醤油と酢を混ぜた後、青たでを加えて混ぜ合わせる。
2 みょうがを仕込む。みょうがはたてに薄切りし、軽く塩を振る。盛る前に軽くバーナーで炙って香りを出す。
3 三枚におろしたカマスの皮目を焼霜にし、器に合わせて色紙造りにする。
4 器に大葉を敷き、皮目を上にしてカマスの造り身を立体に盛り、間に2のみょうがを挟む。
5 花穂じそ、人参などのつまを飾り、わさびを添える。
6 青蓼醤油を添える。

青蓼醤油

カマス笹盛りアマニ油がけ 現代煎り酒添え

カマスの皮目を生かしてそぎ切りし、笹の上に盛ってから少量のアマニ油をかける。これを現代風にアレンジした煎り酒で味わう。現代煎り酒は白ワインをベースに、梅干し、パイナップル、昆布、薄口醤油などで調味し、多彩な味わいが魅力。

材料
カマス　アマニ油　きゅうり（つま）　花穂じそ
より人参　わさび　くま笹

作り方
1 現代煎り酒を作る（下記の現代煎り酒の作り方を参照）。
2 三枚におろしたカマスを湯霜にし、氷水に落として冷やした後、水気をふき取り、厚めにそぎ切りする。
3 器にくま笹を敷き、その上に2のカマスを盛り、アマニ油をスポイトでそぎ身に1滴ずつかける。
6 花穂じそ、きゅうりのつまを飾り、わさびを添える。
8 現代煎り酒を添える。

◎現代煎り酒

材料
パイナップル…30g　梅干し（大きめのもの）…2個　爪昆布…2枚　白ワイン…200㎖　薄口醤油…大さじ2

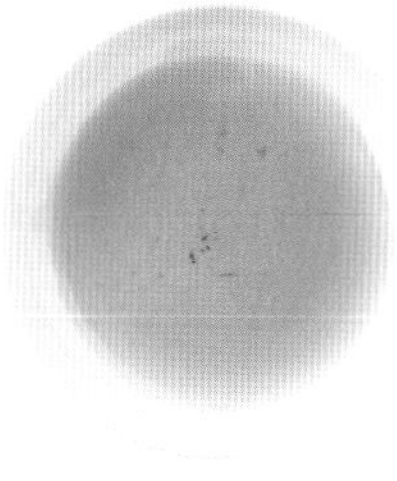

1 パイナップル、梅干し、白ワイン、爪昆布を鍋に入れて2割ほど煮詰める。
2 1の煮汁に薄口醤油を加えて完成。

カマスのたたき 梅ドレッシング添え

カマスを焼霜にし細切りにして、塩少々とねぎ、みょうが、大葉、白ごまを加えて包丁で歯ごたえが残る程度にたたいた一品。梅ドレッシングで味わう。梅ドレッシングは梅肉、米油、米酢、薄口醤油を合わせ、旨みがあって酸味の効いた味に。

材料

カマス　たたきに加える材料[白ねぎ・みょうが・大葉(各みじん切り)　生姜(すりおろし)　白ごま　塩]　花穂じそ・針生姜

◎梅ドレッシング

材料

梅肉…小さじ½　米油…小さじ2　米酢…大さじ1　薄口醤油…小さじ½

作り方

1 梅ドレッシングを作る。最初に梅肉と米油をよく混ぜ、そこに米酢と薄口醤油を加えてよく混ぜ合わせる。
2 三枚におろしたカマスの皮目を焼霜にした後、細切りにする。
3 包丁2本でたたく。あまり細かくたたきすぎないように注意する。
4 白ねぎ、みょうが、大葉、生姜、白ごま、塩を加えてたたく。
5 器に盛り、花穂じそ、針生姜を飾る。
6 梅ドレッシングを添える。

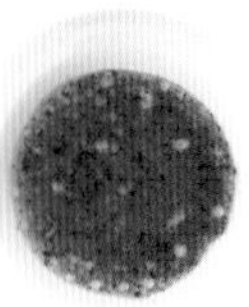

梅ドレッシング

太刀魚焼霜造り 岩塩煎り胡麻添え

タチウオを焼霜にしてグラスに盛り、岩塩煎り胡麻と組み合わせ、さっぱりと楽しませる夏向きの一品。グラスの下には大根のつま、針ごぼう、きゅうりなどを盛り、上にひと口大に色紙造りにしたタチウオにすだちなどを盛っている。

材料
タチウオ　ガラス器の造り身の下に盛る材料［きゅうり(青み中心のつま)　新ごぼう(針に打つ)　ワカメ］　酢どりみょうが　そら豆(焼いたもの)　すだち　花穂じそ

◎岩塩煎り胡麻
— 材料(割合)
— 岩塩…3　煎りごま…1

作り方
1 岩塩煎り胡麻を作る。岩塩と煎りごまを比率通りに混ぜ合わせる。
2 タチウオを三枚におろし、皮目を生かして焼霜にする。
3 2のタチウオを一口大の色紙に切る。
4 タテ型のガラス器に、下からワカメ、針ごぼう、きゅうりのつまを盛る。
5 4の上に2のタチウオを立体的に盛り、そら豆、すだち、酢どりみょうがをあしらい、花穂じそを飾る。
6 岩塩煎り胡麻を添える。

岩塩煎り胡麻

太刀魚銀皮造り
黒胡椒酢醤油添え

タチウオの皮目の美しさを生かした平造り。品のよい脂ののったタチウオの身と酸味の効いた黒胡椒酢醤油が口の中で調和し、タチウオの持ち味を堪能できる。タチウオを焼霜にせず生で使う場合は鮮度のよさが一番のポイント。

材料
タチウオ　おくら（軽く塩茹でしたもの）　花穂じそ　わさび　より人参

◎黒胡椒酢醤油
材料
薄口醤油…小さじ2　酢…大さじ1　煮切り酒…小さじ2　黒胡椒…適量

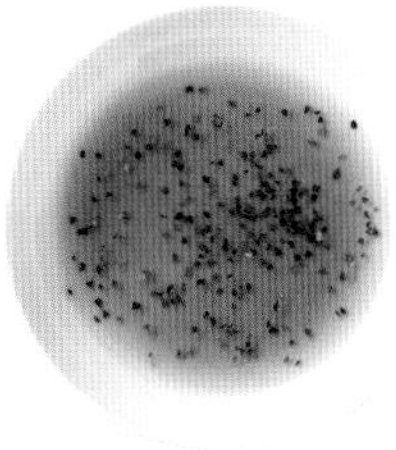

黒胡椒酢醤油

作り方
1 黒胡椒酢醤油を作る。薄口醤油、酢、煮切り酒、黒胡椒を合わせ、よく混ぜ合わせる。
2 三枚におろしたカマスを皮目を生かして平造りにする。
3 器に立体的に盛る。
4 おくらを盛り合わせ、花穂じそ、より人参を飾り、わさびを盛る。
5 黒胡椒酢醤油を添える。

太刀魚杉盛り　梅酒醤油添え

新じゃがのなますの上にタチウオの細造りを杉の木風の形に盛り、梅酒醤油を添えた一品。梅酒醤油は、梅酒と薄口醤油、生姜の絞り汁を合わせたもので、タチウオの脂を和らげ、独特の風味を加えて新感覚の味わいを楽しませる。

材料

タチウオ　新じゃが芋（なます）　よりきゅうり　むら芽

◎梅酒醤油

材料

梅酒…大さじ2　生姜絞り汁…小さじ1

薄口醤油…大さじ2

作り方

1 梅酒醤油を作る。材料の梅酒、薄口醤油、生姜絞り汁をよく混ぜ合わせる。

2 新じゃが芋のなますを作る。じゃが芋（メークイン）をかつらむきし、たて塩に浸けてからやや太めに切る。沸騰した湯にくぐらせた後、甘酢で洗い、冷ます。

3 三枚におろしたタチウオを、皮目を生かして細切りにする。

4 器に2の新じゃが芋のなますを敷き、3のタチウオを杉の木風の形に盛る。

5 周囲によりきゅうりを飾り、天にむら芽をあしらう。

6 梅酒醤油を添える。

梅酒醤油

鯛牡丹造り 胡麻梅肉醤油添え

昆布茶を加えて湯通しした春菊を芯にして、薄めにそぎ切りしたタイで巻いたもの。香りのよい胡麻梅肉醤油で味わう。淡白なタイと春菊それぞれの持ち味を生かすように、胡麻梅肉醤油の味を工夫している。タイは昆布〆にしてもよく合う。

材料

タイ　春菊（湯通し）　花穂じそ　木の芽

◎胡麻梅肉醤油

材料

練りごま…大さじ1　梅肉（裏漉し）…大さじ1　土佐醤油…大さじ2

作り方

1 胡麻梅肉醤油を作る。練りごま、裏漉しした梅肉、土佐醤油を合わせ、よく混ぜ合わせる。

2 春菊は、湯に昆布茶を少量入れて湯通しする。

3 三枚におろして皮を引いたタイをそぎ切りし、巻すの上に少しずつ重ねて並べる。

4 2の湯通しした春菊を芯におき、巻いて（「牡丹に巻く」という）一口大に切る。

5 4を器に盛る。

6 花穂じそ、木の芽を飾る。

7 胡麻梅肉醤油を添える。

胡麻梅肉醤油

鯛平造り 黄身醤油添え

土佐醤油に漬けた卵黄に土佐醤油と太白ごま油を合わせたコクのある黄身醤油と、タイの平造りの組み合わせ。新鮮なタイの旨みに、ごま油の香りの効いた黄身醤油の味わいを加えてひと味違ったタイのおいしさを堪能させる。

材料

タイ　よりうど　花穂じそ　ワカメ　むら芽　わさび

作り方

1 黄身醤油を作る（下記の黄身醤油の作り方を参照）。

2 三枚におろし、皮を引いたタイを平造りにする。

3 器に大葉を敷き、2を盛る。

4 ワカメ、花穂じそ、むら芽、よりうどをあしらい、わさびを添える。

5 黄身醤油を添える。

◎黄身醤油

材料

卵黄（土佐醤油に4日ほど漬けたもの）…1個

土佐醤油（卵黄を漬けた土佐醤油地）…大さじ2

太白ごま油…小さじ1

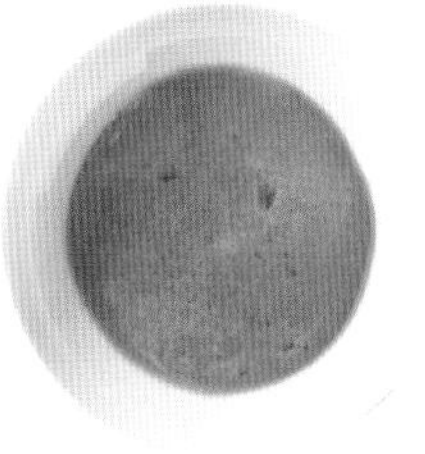

1 卵黄を土佐醤油に４日ほど漬ける。

2 １の卵黄を裏漉しし、すり鉢ですりながら卵黄を漬けておいた土佐醤油でのばす。

3 太白ごま油を加え、さらにすりながら混ぜる。

鯛松皮造り トマト醤油添え

タイの皮目を生かし、湯霜にして平造りにし、トマト醤油を添えて供す。タイは皮の部分も湯霜にすればおいしく味わえる。トマトには昆布と同じ旨み成分が含まれており、うまく活用すればタイによく合う上品なつけ醤油にできる。

材料
タイ　大根(つま)　あやめうど
より人参　花穂じそ　むら芽
大葉　わさび

作り方
1 トマト醤油を作る（下記のトマト醤油の作り方を参照）。
2 タイを三枚におろし、皮目を薄く塩をする（あら塩）。
3 30秒ほどおいて、約80℃の湯をかけて湯霜にし、平造りにする。
4 器に大葉、大根のつまを敷き、3のタイを盛る。
5 あやめうど、花穂じそ、より人参、むら芽をあしらい、わさびを添える。
6 トマト醤油を添える。

◎トマト醤油

材料
ミニトマト…3個
昆布だし…180㎖
煮切り味醂…小さじ1
土佐醤油…大さじ2

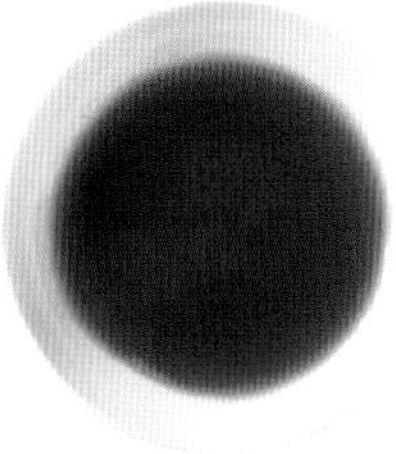

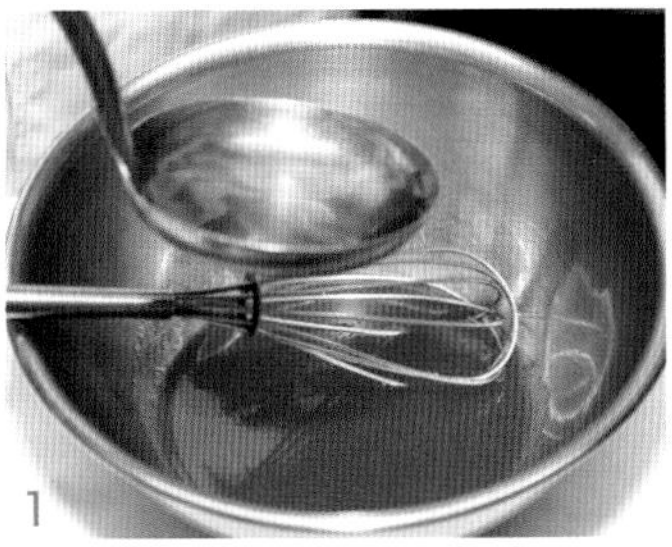
1

2

1 ミニトマトを昆布だしで10分ほど煮て鍋止めして冷まし、湯むきして裏漉しする。これにミニトマトを煮た昆布だし大さじ1を加え、よく混ぜ合わせる。
2 煮切り味醂、土佐醤油を加えてよく混ぜ合わせる。

あおり烏賊細造り
アンチョビポン酢添え

独特の旨みがあり、ねっとりとした口あたりも魅力のアオリイカの細造りを、アンチョビポン酢で楽しませる。ややクセのあるアンチョビに、ポン酢、柚子胡椒を合わせて、イカの王様といわれるアオリイカにひと味違う魅力を加えている。

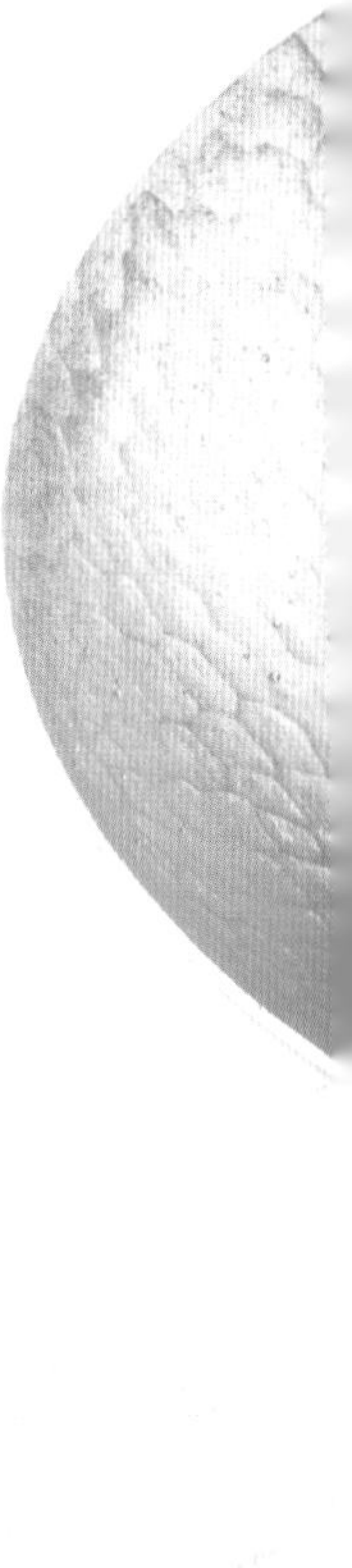

材料
アオリイカ　みょうが（軽く茹でて甘酢に浸けたもの）
針生姜　花穂じそ　大葉

作り方
1 アンチョビポン酢を作る（下記のアンチョビポン酢の作り方を参照）。
2 アオリイカは皮を引き、細造りにする。
3 器に大葉を敷き、アオリイカを杉盛りにする。
4 みょうが、針生姜を盛り、天に花穂じそを飾る。
5 アンチョビポン酢を添える。

◎アンチョビポン酢

材料
ポン酢…大さじ2
アンチョビ…10g
柚子胡椒…小さじ½

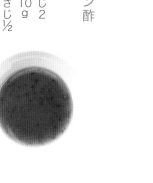

1

2

3

1 ポン酢によくたたいたアンチョビを加える。
2 1に柚子胡椒を加える。
3 よく混ぜ合わせる。好みにより煮切り味醂（分量外）を少量加えて味を調える。

水蛸昆布〆 薄口土佐醤油添え

厚めに引き造りし、昆布〆にして旨みを加えたミズダコの刺身。造り身の下にシート状のおぼろ昆布を敷いて魅力を高めている。薄口醤油ベースの土佐醤油とともに供す。ミズダコの造り身には食べやすいように隠し包丁を入れておく。

材料
ミズダコの足　おぼろ昆布(シート状のもの)　おくら(軽く塩茹でしたもの)　すだち
大根・人参の合わせづま　花穂じそ　わさび

◎薄口土佐醤油
材料
薄口醤油…180㎖　カツオ節…20g　爪昆布…2枚
味醂…小さじ1　日本酒…大さじ1

作り方
1 薄口土佐醤油を作る。薄口醤油に味醂、日本酒、爪昆布、カツオ節を加えて加熱し沸騰寸前で火を止める。冷まして漉す。
2 ミズダコの足の皮を引き、厚めに引き造りして食べやすいように隠し包丁を入れ、2〜3時間昆布〆にする。
3 シート状のおぼろ昆布をミズダコの足の大きさに切り、器に敷いて2のミズダコをその上に盛る。大根と人参の合わせづま、おくら、花穂じそ、すだちを盛り、わさびを添える。
4 薄口土佐醤油を添える。

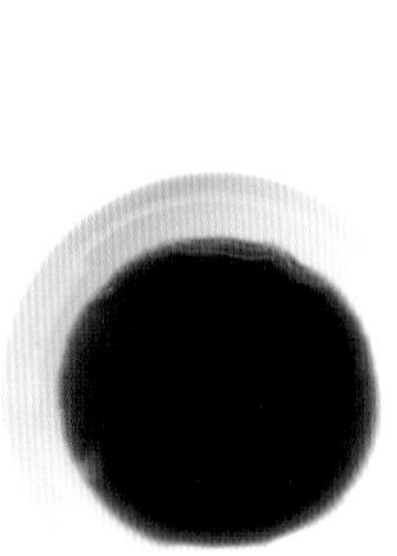

薄口土佐醤油

水蛸湯霜造り 胡麻チリ酢添え

湯霜にして甘みを引き出したミズダコの足と吸盤の盛り合わせ。昆布だしに、練りごま、大根おろし、甘酢などを合わせた、やや個性的な味の胡麻チリ酢を添える。足の造りと吸盤の噛みごたえの変化も楽しませる。金箔を飾り、きらびやかなワンポイントに。

材料

ミズダコの足　きゅうり(つま)　より人参　花穂じそ　金箔　わさび　くま笹

◎胡麻チリ酢

材料

練りごま…大さじ1　大根おろし(汁気を切ったもの)…大さじ1　昆布だし…大さじ2　甘酢(P.75参照)…小さじ1　薄口醤油…小さじ2

作り方

1 胡麻チリ酢を作る。練りごまと大根おろしをよく混ぜ、昆布だし、甘酢、薄口醤油を加えてよく混ぜ合わせる。

2 ミズダコの足の皮を引き、厚めに引き造りにし、吸盤を造り身用に切る。

3 引き造りにした足の造り身に隠し包丁を入れ、吸盤は水でよく洗う。

4 3の造り身、吸盤に熱湯をかけて、氷水に落とす。

5 器にくま笹を敷き、4のミズダコの足と吸盤を盛る。

6 きゅうりのつま、花穂じそ、より人参をあしらい、金箔を飾り、わさびを添える。

7 胡麻チリ酢を添える。

胡麻チリ酢

フレンチの技法と多彩なソースで、四季の魚介を展開する

■レ・サンス　Le Sens

住　　所／神奈川県横浜市青葉区
　　　　　新白川 2-13-16-18
電　　話／045-903-0800
営業時間／11時30分～14時(L.O.)
　　　　　18時～21時(L.O.)
定 休 日／月曜日（祝日の場合は営業し、
　　　　　翌火曜日を休業）

■フレンチバル　レ・サンス
French Bar Le Sens

住　　所／神奈川県横浜市青葉区
　　　　　美しが丘 5-2-14
電　　話／045-530-5939
営業時間／11時30分～15時(L.O.)
　　　　　17時～23時30分(L.O.)
定 休 日／月曜日（祝日の場合は営業し、
　　　　　翌火曜日を休業）

南仏の３つ星店『ジャルダン・デ・サンス』で修業した渡辺シェフが、南仏の人の心をなごませる料理をテーマに1997年に開業した『レ・サンス』。2017年には『フレンチバル　レ・サンス』を開業。

『レ・サンス　Le Sens』
オーナーシェフ
渡辺健善

富士山の火山灰でマリネした鯛

灰の吸水作用を利用してタイを灰干しに。灰は、平安の時代から江戸中期まで十数回噴火したとされる富士山の火山灰。ロマンを感じる灰干しによって弾力の増したタイの切り身を柚子ソース、大葉、みょうがで香り豊かに味わってもらう。

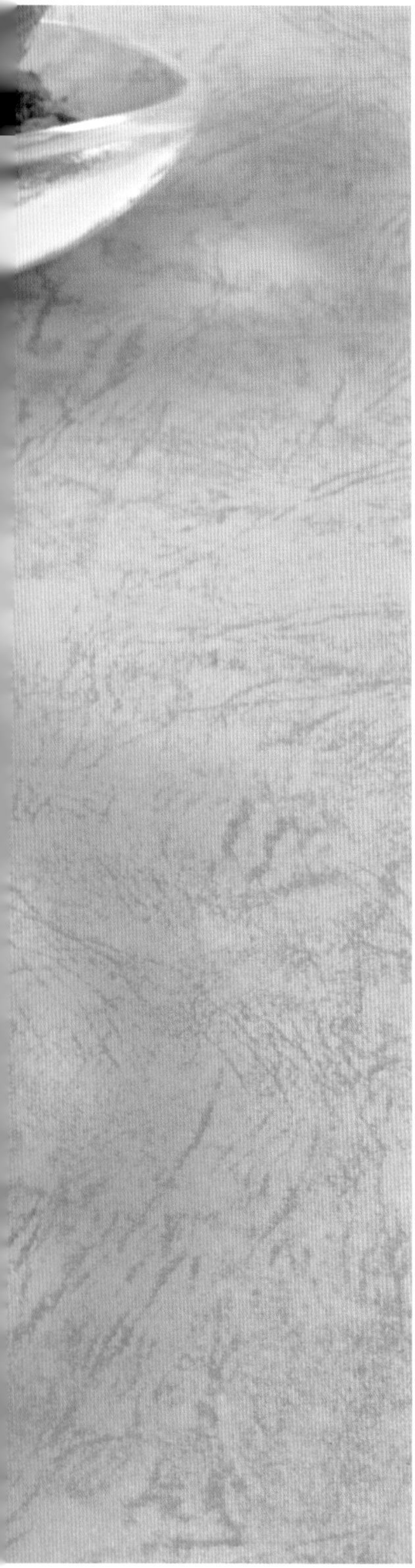

材料

タイ(切り身)…8切れ　塩…適量　胡椒…適量　砂糖…適量　◎柚子ソース…適量　大葉(せん切り)…適量　とんぶり…適量　みょうが(せん切り)…適量　柚子の皮のみじん切り…適量

◎柚子ソース

材料(割合)

柚子果汁…1　オリーブ油…2　塩・胡椒…各適量

作り方　果汁と油をよく混ぜ合わせる。塩と胡椒で味を整える。

柚子ソース

作り方

1 タイの切り身に塩・胡椒・砂糖をまぶしてひと晩マリネする。

2 水分を通すセロハンシートで鯛の切り身を挟み、富士山の火山灰に埋め、ひと晩灰干しにする。

3 タイの灰干しを器に盛り付け、上に大葉とみょうがのせん切り、柚子ソースをかけ、とんぶり、柚子皮を飾る。

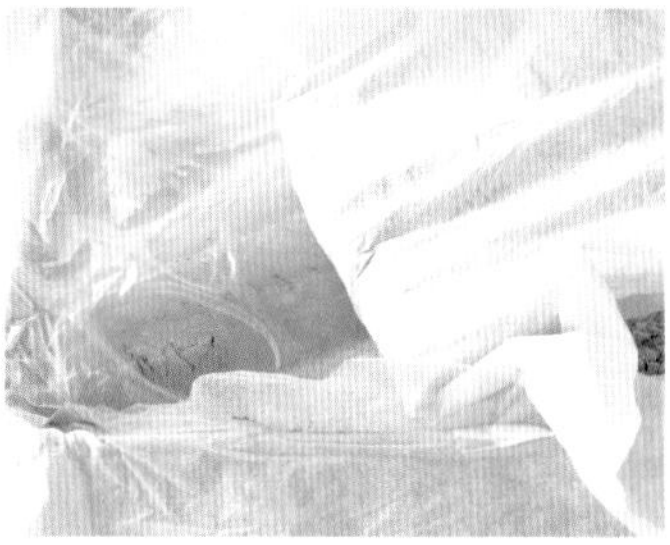

馬肉のタルタル　パンデピス風味

香辛料を使った菓子のパン・デピスを細かく砕いてたっぷり添え、馬肉のタルタルにまぶして食べる。パン・デピスのスパイス風味とサクサク食感とともに、馬の内モモ肉のねっとりした食感を味わってもらう。

材料

馬内モモ肉…80g　◎パン・デピス…適量　ピクルス…適量　生姜のコンフィ…適量　塩…適量　胡椒…適量

作り方

1 馬肉は薄く切って、塩・胡椒をする。
2 パン・デビスを焼き、ロボクープにかけて細かく粉砕する。
3 1の馬肉を皿に並べ、粉砕したパン・デビスを盛り付ける。
4 馬肉の上に軽く塩・胡椒をし、生姜のコンフィをのせる。ピクルスを添える。

パンデビス

◎パンデビス

材料／仕込み量

強力粉…150g　ライ麦粉…300g　ベーキングパウダー…20g　砂糖…60g　シナモンパウダー…10g　アニスパウダー…10g　ナツメグパウダー…10g　ハチミツ…300g　牛乳…150g　全卵…4個　レーズン…30g　オレンジの皮のコンフィ…30g

作り方

1 牛乳を温め、ハチミツを溶かす。
2 全卵は泡立て器で軽く泡立てる。
3 粉類と1と2をよく混ぜ合わせる。最後にレーズンとコンフィを加えてざっくり混ぜる。
4 バター(分量外)を塗って小麦粉(分量外)をふったパウンドケーキ型に生地を入れ、170～180℃のオーブンで45分ほど焼く。
5 オーブンから出して冷まし、型からはずす。

鮪、鰤、蛸、紋甲烏賊の
ルッコラムースリーヌソース

マグロ、ブリ、タコ、イカの親しみのある刺身を、クリーミーでコクがあり、ルッコラ風味のソースと合わせた。レッドソレルやアマランサスとともに盛り付けて、ヘルシー感を高めた一品に。

材料

マグロ(赤身)…30g　ブリ…20g　タコ…20g　モンゴーイカ…20g　◎ルッコラムースリーヌソース…適量　塩…適量　胡椒…適量　レモン汁…適量　オリーブ油…適量　イクラ…適量　レッドソレル…適量　アマランサス…適量　エディブルフラワー…適量

◎ルッコラムースリーヌソース

材料／作りやすい分量

ルッコラ・ピューレ…100g　マヨネーズ…120g　生クリーム…100g　塩…適量　胡椒…適量

作り方

1 生クリームは泡立て器で八分立てにする。

2 ルッコラピューレ、マヨネーズを加えて混ぜ、塩・胡椒で味を調える。

作り方

1 マグロ、ブリ、タコ、イカは食べやすい大きさに切る。タコとイカはサッと茹でる。

2 1に軽く塩・胡椒をし、レモン汁、オリーブ油をまぶす。

3 器にルッコラムースリーヌソースをしいて、2を盛り付ける。イクラ、レッドソレル、アマランサス、エディブルフラワーを飾る。

ルッコラムース
リーヌソース

ボラの白子の湯通し 自家製カラスミのせ

ボラの白子はサッと茹でて、氷水にはなして刺身に。合わせるカラスミは、サクラのチップで燻製をかけて香りよく仕上げた自家製で、カラスミの塩気で白子は味わってもらう。ヴィネグレットソースをかけ、オレンジの皮のコンフィを添え、フレンチ仕立てに。

材料

ボラの白子…100g　イタリアンパセリ…適量　◎自家製カラスミ…適量　◎ヴィネグレットソース…適量　オレンジの皮のコンフィ…適量

作り方

1 ボラの白子は沸騰した湯でサッと茹でて、氷水にはなす。取り出して水気をペーパーで取って、食べやすい厚みに切る。

2 みじん切りにしたイタリアンパセリ、オレンジの皮のコンフィをのせ、ヴィネグレットソースをかける。

3 自家製カラスミをスライスし、飾る。

◎自家製カラスミ

作り方

1 ボラの卵巣は1日塩漬けにする。

2 サッと洗って、桜のチップで燻製する。片面3分ずつ燻製する。

3 風通しのいい冷蔵庫の中に2～3日置いて、切る。

◎ヴィネグレットソース

材料

白ワインビネガー…60㎖　EXヴァージンオリーブ油…180㎖　レモン汁…5㎖　玉ねぎ(みじん切り)…30g　赤ワイン…30㎖

作り方

1 玉ねぎと赤ワインを合わせて火にかけ、煮詰める。

2 白ワインビネガー、レモン汁を合わせて、オリーブ油を少しずつ加えながらよく混ぜる。

3 1の玉ねぎを加えて混ぜる。

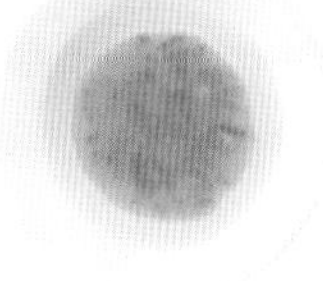

ヴィネグレットソース

赤海老のクリュ
海老味噌ムースクレープ巻き

赤エビの刺身を、海老味噌で作るコクのあるムースやアボカド、トマト、野菜などとともにクレープで巻いて味わう。クレープの生地にもエビ味噌を加えていて、全体の風味、食べたときの一体感を高めているのもポイント。

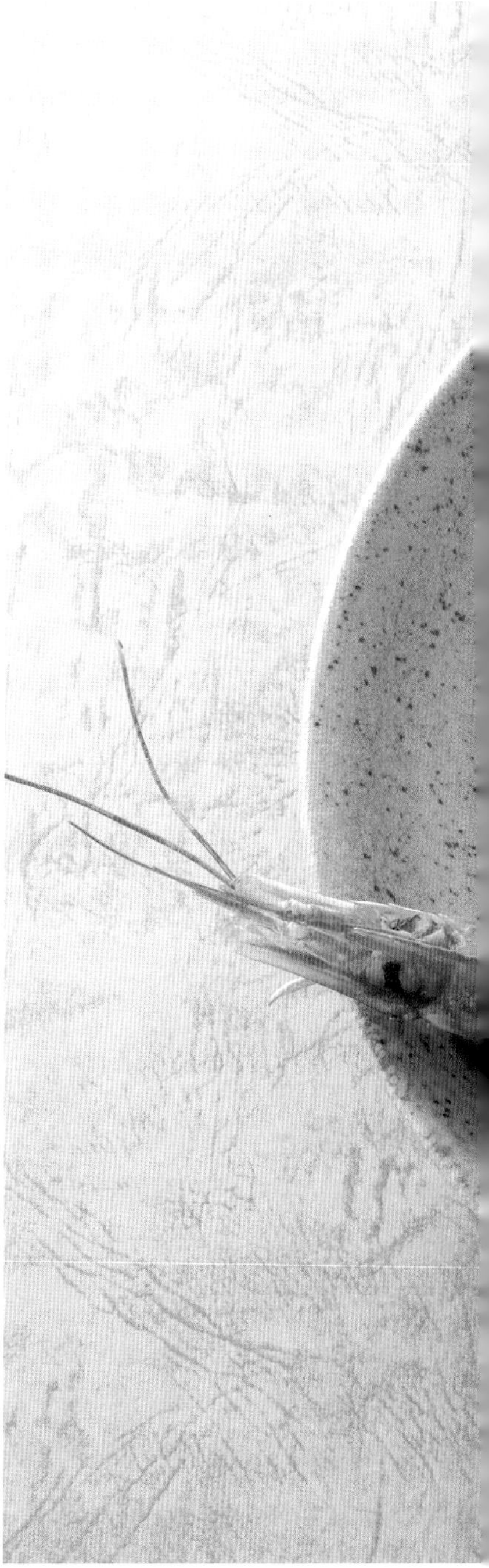

材料

赤エビ…1尾　◎クレープ…1枚
◎エビ味噌ムース…適量　アボカド(スライス)…適量　トマト(スライス)…適量　エディブルフラワー…適量　ラディッキオロッソ…適量　紫カリフラワー…適量

作り方

1 赤エビは殻を取って背ワタを取る。頭を外して、海老味噌を取り出す。

2 クレープの生地で赤海老の刺身を端から巻く。頭は飾りで付ける。

3 クレープの上に海老味噌ムース、アボカド、トマト、ラディッキオロッソ、茹でた紫カリフラワーを並べて、エディブルフラワーを飾る。

◎クレープ生地

材料／1枚分

エビ味噌…20g　牛乳…100g　卵…1/3個分　薄力粉…15g　溶かしバター…3g　塩…適量　胡椒…適量

作り方

1 薄力粉は振るう。卵は泡立て器でほぐす。

2 他の材料と合わせてよく混ぜる。

3 フライパンを熱してバター(分量外)をとかし、生地を焼く。両面焼いて取り出す。

◎エビ味噌ムース

材料

エビ味噌…50g　牛乳…100g　板ゼラチン…2g　生クリーム…100g　塩…適量　胡椒…適量

作り方

1 牛乳を鍋で温めて、水でふやかしておいたゼラチンを溶かす。溶けたらエビ味噌を加えて混ぜて冷ます。

2 生クリームは泡立て器で八分立てにし、冷ました1と合わせ、塩・胡椒で味を調える。

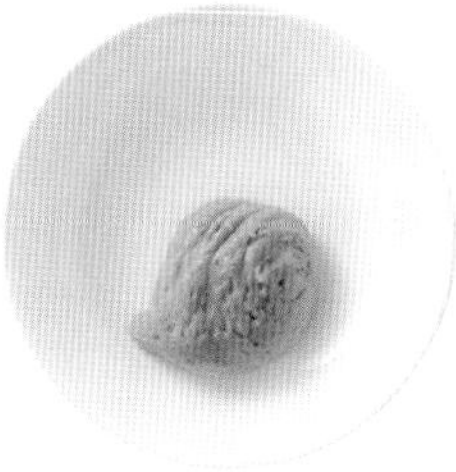

エビ味噌ムース

材料
タイの刺身…適量　昆布茶…適量　パイ生地…適量
作り方
1 タイは昆布茶でマリネする。
2 スワンの形に焼いたパイ生地に小さく切った鯛のマリネを挟む。

◎グージェール
材料
牛乳…240g　バター…66g　水…224g　砂糖…6g　塩…4g　薄力粉…80g　強力粉…80g　全卵…4～5個　パルメザンチーズ…25g
作り方
1 牛乳、バター、水、砂糖、塩を鍋で合わせて火にかけ沸かす。
2 沸いたら火から下ろして、小麦粉を加えて混ぜる。
3 2の粗熱が取れたら、卵を溶いて少しずつ加えて混ぜる。続いておろしたパルメザンチーズを加える。
4 生地を絞り袋に入れ、テフロン加工の天板に直径3センチで絞り出す。生地の表面に刷毛で卵液（分量外）を塗る。スワンの頭にする部分は、その形に天板に絞り出す。
5 160℃のオーブンで10分～12分焼く。

グージェールのスワン見立て

スワンの形にしたグージェール（パイ生地）の間に鯛の刺身を挟んだひと口アミューズ。グージュールにパルメザンチーズを加えてコクを出し、タイの刺身は昆布茶でマリネしてうま味を高めて、生地と刺身が寄り添うように工夫。

皮ハギのタルタル
塩サブレとビーツとハーブのラヴィオリ仕立て
皮ハギの肝のコントゥーラソース

サブレの上に皮ハギのタルタルをのせ、その上からビーツのジュレをかぶせた。まわりに流すソースは皮ハギの肝とイタリアの魚醤＝コントゥーラで作った。サクサクに焼いた塩サブレ、皮ハギ、ビーツのジュレの味わいのコントラストも楽しい。

材料
皮ハギの切り身…適量　◎塩サブレ…1枚（直径8㎝）　◎皮ハギ肝のコントゥーラソース…適量　◎ビーツジュレ…適量　セルフィーユ…適量　ディル…適量

作り方
1 丸く焼いたサブレを皿に置く。
2 その上に叩いてタルタルにした皮ハギを盛る。
3 上からアガーで固めたビーツのジュレを丸く抜いてかぶせる。
4 セルフィーユ、ディルを飾り、まわりに皮ハギ肝のコントゥーラソースを流す。

◎皮ハギ肝のコントゥーラソース

材料
皮ハギの肝…60g
コントゥーラ…30g
EXオリーブ油…120g　塩…適量
胡椒…適量
昆布茶…ひとつまみ　白ワインビネガー…15g

作り方
1 皮ハギの肝は包丁で叩いて細かくする。
2 他の材料と合わせてよく混ぜ合わせる。

皮ハギと肝のコントゥーラソース

◎ビーツジュレ

材料
水…100g　ビーツの絞り汁…100g　アガー…6g　ハーブ…適量

作り方
1 材料を合わせて火にかけ、アガーを溶かす。
2 バットに薄く流して冷やし固める。
3 固まったら直径9センチの丸い型で抜く。

◎塩サブレ

材料
バター…200g　強力粉…225g　砂糖…70g
ベーキングパウダー…3g　塩…ひとつまみ

作り方
1 材料を合わせてまとめる。サクサクにするため、まとめる程度で練らない。1日冷蔵庫でねかせる。
2 翌日、麺棒で伸ばし、直径8㎝の丸型で抜いて天板に並べ、180℃のオーブンで20分ほど焼く。

平貝とツブ貝の
ライム風味サバイヨンソース

歯触りを楽しむ2種類の貝の刺身に、卵黄で作るサヴァイヨンソースを合わせた。刺身との相性を考え、サヴァイヨンソースはライム風味に。たっぷりと海藻も添えて。

材料

平貝…適量　ツブ貝…適量　ラディッシュ…1個　◎サヴァイヨンソース…適量　塩…適量　ライム皮…適量　赤杉のり、青杉のり、ワカメなどの海藻…適量

作り方

1 平貝、ツブ貝は塩もみしてサッと茹でて冷水にはなす。

2 器に海藻を盛り、その上に平貝の殻を置く。薄く切った平貝、ツブ貝をスライスしたラディッシュとともに、平貝の殻の上に盛り付ける。

3 サヴァイヨンソースをかけ、ライムの皮をおろしてふりかける。

◎サヴァイヨンソース

材料

水…少々　粉ゼラチン…1g　ライム汁…½個分　卵黄…1個分　塩…適量　胡椒…適量

作り方

1 少しの水を温め、ゼラチンを溶かしてライム汁を合わせて冷ます。

2 卵黄を泡立てて、1を少しずつ加えながら混ぜる。

3 塩・胡椒で味を調える。

サヴァイヨンソース

サーモンとサラダ、ハーブのミルフィーユ仕立てガスパチョとマンゴーのソース　ガスパチョソース

マリネしたサーモンと、トマトやきゅうり、セロリのサラダ、ディルを重ねて盛り付け。サラダの一部はミキサーにかけてガスパチョソースに。シークワーサーを加えたフレッシュマンゴーのソースも合わせて、爽やかな味わいに。

材料

サーモン(切り身)…5〜6切れ　塩…適量　白粒胡椒…適量　砂糖…適量　コリアンダー(ホール)…適量　ディル…適量　EXオリーブ油…適量　サラダ…適量　◎ガスパチョソース…適量　◎マンゴーソース…適量

作り方

1 白粒胡椒、コリアンダーは包丁で叩く。塩、砂糖と合わせてサーモンを5〜6時間マリネする。

2 続いてディルをのせ、オリーブ油をかけて2時間マリネする。

3 器にマリネしたサーモンを置き、上にディルを置き、その上にサラダをのせる。サラダの上にサーモンをのせ、サラダをのせる。

4 ガスパチョソースをかけ、まわりにマンゴーソースを流す。ディルを飾る。

◎サラダ

材料

トマトピューレ…50g　にんにく(すりおろし)…少々　セロリ(角切り)…50g　きゅうり(角切り)…50g　玉ねぎ(角切り)…50g　赤ピーマン(角切り)…50g　塩…適量　胡椒…適量　赤ワインビネガー…40g　EXオリーブ油…30g

作り方　材料を合わせてマリネする。

◎ガスパチョソース

材料

サラダ

作り方　サラダの一部をミキサーにかけ、ソースにする。

◎マンゴーソース

材料

フレッシュマンゴーピューレ…40g　EXオリーブ油…40g　シークワーサー果汁…15g　塩…適量　胡椒…適量

作り方

1 マンゴーピューレ、シークワーサー果汁、オリーブ油をミキサーにかける。

2 塩・胡椒で味を調える。

鮪と鰤の編み込みサラダ包み
トリュフキャラメルソース

棒状に切ったマグロの刺身とブリの刺身を編み、これでサラダを包んで立体的な刺身料理に。コクと甘みと香りが個性的なトリュフ風味のキャラメルソースを合わせ、赤ワインにも合う刺身料理。

材料
マグロ(1㎝角の棒状)…3本(長さ6㎝)　ブリ(1㎝角の棒状)…3本(長さ6㎝)　◎サラダ…適量　◎トリュフキャラメルソース…適量　トリュフ(みじん切り)…少々　赤大根のつま…適量　大根のつま…適量　ラディッシュ(スライス)…適量　菊の花(食用)…適量

作り方
1 マグロの刺身をタテに、1㎝ほど間を開けて並べる。横にブリの刺身をマグロの刺身と編むように並べる。
2 サラダを1で包んで盛り付ける。
3 上に赤大根、大根、菊の花を飾り、まわりにトリュフキャラメルソースをかけ、刻んだトリュフも散らす。

◎サラダ
材料
サニーレタス　フリルレタス　ルッコラ　ラディッキオロッソ　カステルフランコ　ヴィネグレットソース…各適量
作り方　野菜を食べやすい大きさに切って、ヴィネグレットソースで和える。

◎トリュフキャラメルソース
材料
砂糖…100g　水…50g　トリュフ(みじん切り)…5g　塩・胡椒…各少量
作り方
1 フライパンで砂糖を熱して溶かす。
2 砂糖がキャラメル状になったら水を少しずつ入れて色止めする。トリュフを加えて混ぜ、塩、胡椒で味を整える。

トリュフキャラメルソース

牛フィレのタタキ
バルサミコソース

牛フィレはクローブ風味にしてタタキに。野菜のチップと野菜のピクルスとともに彩りよく盛り付けた。ソースはバルサミコ酢のソースと、サワークリームのソースの2種類を。酸味と甘み、歯触りの奥行きを多彩に楽しめる一皿。

材料
牛フィレ…60g　塩…適量　クローブ…適量　黒胡椒…適量　じゃが芋チップ…2枚　ごぼうチップ…2枚　れんこんチップ…1枚　ピクルス（人参、かぶ、きゅうり、大根、玉ねぎ、レッドソレル）…適量　◎バルサミコソース…適量　◎サワークリーム…適量

作り方
1 牛フィレ肉を塩、クローブ、黒胡椒でひと晩マリネする。
2 表面を拭き取って、油で表面を焼いておく。
3 薄く切った牛フィレのタタキを皿に並べ、バルサミコソース、サワークリームを交差するように細くかける。
4 上に野菜のチップ、ピクルスを飾る。

◎バルサミコソース
材料
バルサミコ酢…100g　コーンスターチ…2g　塩…適量　胡椒…適量
作り方
1 バルサミコ酢を火にかけて半分まで詰める。
2 詰めたらコーンスターチを加えてよく混ぜる。
3 塩と胡椒で味を調える。

◎サワークリーム
材料
クリームチーズ…50g　牛乳…10g　レモン汁…5g
作り方
1 牛乳を温め、クリームチーズを合わせて溶かす。
2 冷めてからレモン汁を合わせる。

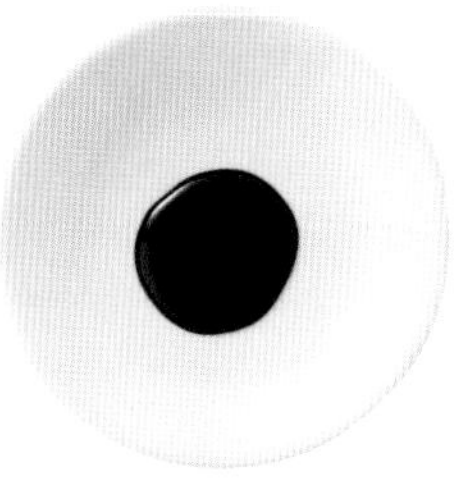
バルサミコソース

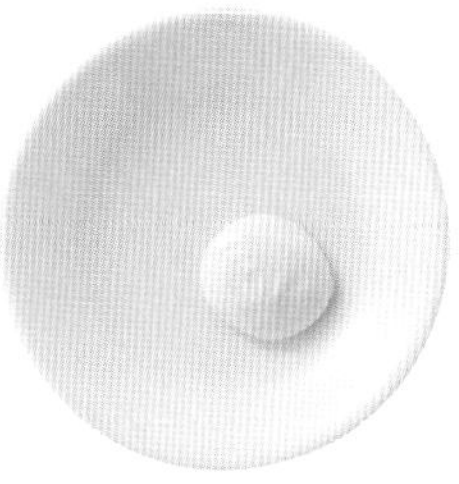
サワークリーム

鰺のクリュ

アジの刺身をハチミツとレモン汁でマリネした黒大根とともに味わってもらう。ソースはブルーチーズを使ったコクのあるクリームソース。リンゴのアクセントも加えて、香りの広がりでワインが進む前菜に。

材料

アジの切り身…7枚　黒大根（スライス）…7枚　塩…適量　ハチミツ…適量　レモン汁…適量　チーズクリームソース…適量　リンゴ（せん切り）…10本　セルフィーユ…適量

作り方

1 黒大根のスライスは、大根の重量の1％の塩でマリネする。脱水したら、ハチミツとレモン汁を1対1で合わせたマリネ液でマリネする。

2 マリネした黒大根のスライスとアジの切り身を交互に重ねて盛り付ける。

3 上にリンゴのせん切り、セルフィーユを飾り、チーズクリームソースを添える。

◎チーズクリームソース

材料

ブルーチーズ…100g　生クリーム…100g　牛乳…25g　塩…適量　胡椒…適量

作り方

1 生クリーム、牛乳を温め、ブルーチーズを溶かす。

2 冷ましたら、塩・胡椒で味を調える。

チーズクリーム
ソース

鮮魚のミルフィーユ　ゼリー寄せ

マグロ、サーモン、スズキの刺身をテリーヌ型の中で重ねてゼリーで固めた。ゼリーはフュメドポワソンがベースで、刺身のうま味を引き立てる役割も。アオサと生クリームを合わせたコクのあるソースで味の変化も楽しめるように。

材料
マグロ（1㎝厚みのサク）…2枚　サーモン（1㎝厚みのサク）…2枚　スズキ（1㎝厚みのサク）…2枚
フュメドポワソン…1ℓ　板ゼラチン…50g　菊の花（みじん切り）…適量　◎アオサソース…適量　ディル…適量　ピンクペッパー…適量

作り方
1 フュメドポワソンを温め、水でふやかしたゼラチンを合わせて溶かして、冷ます。
2 テリーヌ型に刺身を、スズキ、サーモン、マグロ、スズキ、サーモン、マグロの順に重ね、冷ました1を流して冷やし固める。
3 テリーヌ型から出して2㎝幅に切り、盛り付ける。アオサソースをまわりにかけ、ピンクペッパーとディルを飾る。

◎アオサソース
材料
アオサ…25g　生クリーム…50g　塩…適量　胡椒…適量
作り方
1 アオサと生クリームを合わせて泡立て器でよく混ぜる。
2 塩と胡椒で味を調える。

アオサのソース

洗練された四季の刺身を卓越した調理技術で仕上げる

『日本料理　よし邑』

取締役　総料理長　支配人

冨澤浩一

■日本料理　よし邑

住　　所／東京都板橋区蓮根 2-19-12
電　　話／電話 /03-3968-1301
営業時間／月曜日～金曜日は 11 時 30 分～14 時 30 分　17 時～22 時
土曜日・日曜日・祝日は
11 時 30 分～21 時 30 分
定 休 日／不定休

敷地一千坪で、豊かな庭園を眺めながら味わう四季の日本料理が評判。海外への日本食の啓蒙にも活躍する冨澤総料理長が、全国から取り寄せる旬の魚介を、目と舌で楽しませる料理に仕上げている。

鯵叩き　苔庭作り

まるで本物の苔むした庭石に見える楽しいひと皿。アジのタタキとみょうが、生姜、ねぎを合わせて田舎味噌で味付けしたものに、青海苔とあおさ海苔を混ぜたものをまぶした。海苔の風味と煮切り醤油の香りが、食欲をそそる。

材料／4人分

アジ…2尾　みょうが…適量　生姜…適量　万能ねぎ…適量　田舎味噌…適量　◎煮切り醤油…数滴　飾り（マイクロきゅうり、プチベール、クレイジーピー、カリーノケール、ルバーブ）…各適量

作り方

1 三枚におろしたアジは、当て塩をし、中骨を抜き、皮を引いて上身にし、細引きにする。

2 みょうが、生姜、万能ねぎを刻んでアジと混ぜる。

3 田舎味噌で味付けし、煮切り醤油を数滴たらし、混ぜる。

4 もう一度、包丁でたたいて、ひと口サイズの丸い形に整えたものを5～6個作る。

5 青海苔、水で戻したあおさ海苔を混ぜ合わせて、1個ずつ全体にまぶす。

6 マイクロきゅうり、プチベールなどと盛り付ける。

◎煮切り醤油

材料／仕込み量

濃口醤油…720㎖　味醂…600g　日本酒…600g　出汁昆布…適量　カツオ節…適量

作り方

1 日本酒と味醂を火にかけ、沸かす。

2 アルコール分が飛んだら弱火にし、醤油、昆布、カツオ節を加える。漉して冷ます。

塩鮪　へぎ作り

親しみのあるマグロの赤身に、赤いクランベリー醤油を合わせて新しい味わいに。クランベリー醤油は、クランベリーを潰して作る、キレのある甘さがある醤油。マグロ自体は長い帯状に切り、普段食べない形にすることで食べたときの新鮮味もプラスした。

材料／4人分

本マグロ（赤身）…1柵　アマランサス…適量　レッドソレル…適量　京かんざし…適量　クランベリー醤油…適量　塩…適量

◎クランベリー醤油

材料

クランベリー…100g　砂糖…適量　卵白…1個分　昆布出汁…適量　白醤油…適量　塩…適量　プチドリップ…適量

作り方

1 クランベリーに砂糖をまぶして、潰しながら火を入れる。

2 1を裏漉しして、昆布出汁、白醤油、塩で味を調える。

3 卵白を泡立てて2に混ぜる。プチドリップを合わせてムース状にする。

作り方

1 マグロの柵に塩を振り、帯状になるようにそぎ、これを6枚作る。

2 器にクランベリー醤油を流し、上に帯状にしたマグロを立てて盛り付ける。

3 アマランサス、レッドソレル、京かんざしをあしらう。

戻り鰹 井桁作り

脂ののった初秋の戻りカツオの味付けを、ユッケだれで。濃厚なユッケだれでも、しっかり脂ののった腹身のほうを合わせるので、カツオのうま味を十分に味わえる。卵黄も一緒に盛り付けて、ユッケ風の味わいを引き立てた。

材料／4人分
戻りカツオ(腹身)…1柵 卵黄(S)…1個分 煎り松の実…少々 アイスプラント…少々 姫くわい…1個 サフランフラワー…1個 万能ねぎ…少々
◎ユッケだれ…適量

作り方
1 姫くわいは皮をむいて揚げる。
2 上身にしたカツオを抜き板にのせ、熱湯をかけて氷水にはなす。
3 水気をよく拭き取って拍子切りにし井桁に2段組む。
4 ユッケだれを流し、井桁の中に卵黄を入れ、姫くわい、サフランフラワー、万能ねぎ、アイスプラントを飾る。

◎ユッケだれ
材料／仕込み量
濃口醤油…250㎖ たまり醤油…90㎖ ごま油…180㎖ 味醂…120㎖ 砂糖…90g 白ごま…40g 長ねぎ(みじん切り)…450g にんにく(すりおろし)…適量 黒胡椒…適量 豆板醤…適量
作り方 材料を合わせて火にかけて混ぜる。

秋刀魚　へぎ作り　木の葉造り

グラスに入っているエディブルフラワーの下には、ごぼうのムースが。ごぼうのムースをスプーンですくって、サンマの刺身にかけて食べる。ごぼうのムースは煎り酒で調味し、梅干しと出汁の風味でごぼうの土くささをやわらげて、サンマに合う味わいに。

材料／4人分

サンマ…1尾　畳イワシ（揚げたもの）…4枚　◎ごぼうムース…適量　エディブルフラワー（8種類）…適量　スプラウト…適量　レッドソレル…適量　つるエンドウ豆…適量

作り方

1 3枚におろしたサンマは皮を取り除き、皮側を上にして置き、深く切れ目を入れ、その切り口を見せるように畳み、木の葉の形に整え、木の葉造りにする。残りは、へぎ作りにする。

2 グラスにごぼうムースを入れ、上にエディブルフラワーを飾る。

3 サンマの刺身、2のグラス、スプラウト、レッドソレル、つるエンドウ豆を盛り付ける。

◎ごぼうムース

材料

ごぼう（濃口醤油と砂糖で炊いたもの）…100g　卵白…1個分　プチドリップ…適量　墨昆布…適量　煎り酒…適量　塩…適量

作り方

1 炊いたごぼうを煮汁ごとミキサーにかける。

2 墨昆布、煎り酒、塩で色とアジを調える。

3 卵白を泡立て、プチドリップを加えて混ぜ、2と合わせてムースにする。

◎煎り酒

材料／仕込み量

日本酒…900mℓ　梅干し…5個　薄口醤油…適量　味醂…適量　塩…適量　カツオ節…適量　出汁昆布…適量

作り方

1 土鍋に焼いた梅干し、日本酒、昆布を入れて火にかける。

2 梅干しの味が出たら、薄口醤油、味醂、塩で味を調え、カツオ節を入れて火を止めて漉す。

花籠作り

オレンジ、レモン、パッションフルーツの輪切りを並べて籠に見立て、その上に菊作りにしたモンゴーイカ、花作りにしたタイ、マグロ、ヒラメ、紅富士サーモンを並べ、それぞれの花作りの間にパクチーやクレイジーピー、葉わさびなどの緑の香草を配して「花籠」に見立てた。土佐醤油で味わってもらう。

材料／4人分

タイ…1柵　モンゴーイカ…1柵　マクロ…1柵　ヒラメ…1柵　紅富士サーモン…1柵　パクチー…適量　クレージーピー…適量　セリ…適量　カリーノケール…適量　葉わさび…適量　オレンジ…適量　レモン…適量　パッションフルーツ…適量　◎土佐醤油…適量

作り方

1 モンゴーイカは薄めに引いて、半分に折り、包丁目を入れ、菊作りにする。

2 タイ、マグロ、ヒラメ、紅富士サーモンは薄切りにして花作りにする。

3 オレンジ、レモン、パッションフルーツをスライスして、籠の形に器の上に並べる。

4 花作りしたタイ、マグロ、ヒラメ、紅富士サーモン、菊作りのイカを並べる。

5 刺身の間にパクチー、クレージーピー、セリ、ホワイトセロリ、カリーノケール、葉ワサビをあしらう。土佐醤油を添える。

◎土佐醤油

材料

濃口醤油…90㎖　たまり醤油…18㎖　日本酒…9㎖　味醂…9㎖　花カツオ…適量

作り方

1 カツオ節以外の材料を合わせて火にかける。

2 沸いたらカツオ節を入れ、灰汁を取ったら火から下ろす。冷めたら漉す。

甘鯛　鱗作り

アマダイは、熱した油をウロコだけにかけ、ウロコを立たせてパリパリの食感も味わえるウロコ作りに。玉ねぎ・にんにくの香りをまとわせた香り酢を合わせるとともに、甘さ控えめのゴールデンビーツ、やわらかい酸味のルバーブとともに盛り付けて、繊細な甘ダイの味わいを引き立てる。

材料／4人分

アマダイ…1本　香り酢…適量　ゴールデンビーツ…適量　ルバーブ…適量　ベビーリーフ…適量　エディブルフラワー…適量　かぶ…適量　軸菜…適量

作り方

1 アマダイはウロコが付いたまま三枚におろす。中骨と腹骨を取る。

2 油（材料外）を熱して、切り分けたアマダイのウロコだけにかけ、ウロコを立たせる。

3 器にゴールデンビーツのうす切りを置いて、香り酢をかける。

4 上にアマダイをのせ、ルバーブと蕪のせん切り、軸菜、ベビーリーフ、エディブルフラワーを飾る。

◎香り酢

材料／仕込み量(全て)

濃口醤油…324㎖　穀物酢…207㎖　サラダ油…180㎖　ごま油…50㎖　にんにく(すりおろし)…適量　黒胡椒…適量　砂糖…適量

作り方　材料をすべて合わせ、よく混ぜ合わせる。

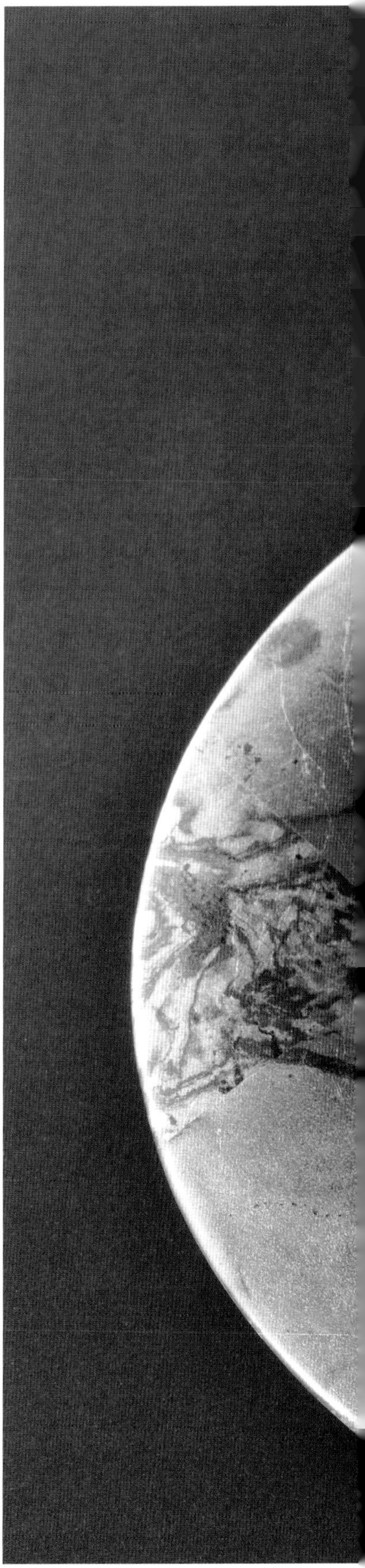

障泥烏賊　鮪　篠作り

アオリイカとマグロの刺身をそれぞれ巻いて新しい食感を演出。篠（竹）に見立て、葉付きビーツとともに盛り付けた。風味付けに白トリュフオイルをかけ、さらに、うま味と香りのいい内藤唐辛子の七味をふりかける。

材料／4人分

アオリイカ…400g　ホンマグロ…120g　塩…10g　白トリュフオイル…50g　内藤唐辛子…15g　葉付きビーツ…適量　アイスプラント…適量

作り方

1 アオリイカは切り開いてエンペラ、内臓、ゲソを取る。水洗いした後、薄皮を剥ぎ、柵どりする。

2 柵どりしたアオリイカを薄くへぎ、布状にする。端から巻いて篠の形にする。

3 ホンマグロも薄くへぎ、端から巻いて篠の形にする。

4 巻いたアオリイカとホンマグロに塩を打ち、全体に白トリュフオイルをからめる。

5 葉を残して皮をむいて茹でた葉付きビーツ、アイスプラントとともに立てて盛り付ける。内藤唐辛子を振りかける。

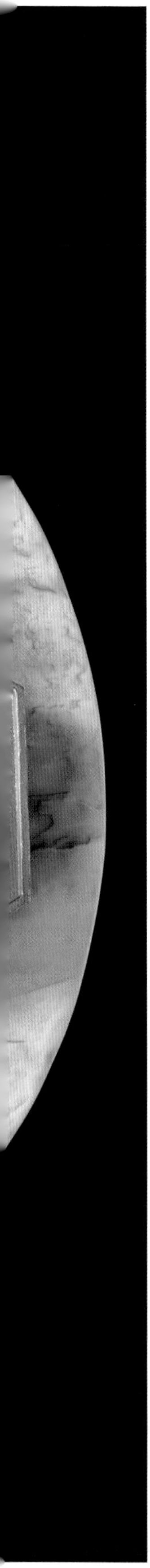

姫小鯛　松皮作り

別名アカボラとも呼ばれる、上品な白身が特徴の姫小鯛を、皮目もおいしく食べられるので松皮作りに。和梨のブランデーと出汁のジュレ、緑酢とえごま味噌、えごま油と塩・胡椒の3種類の味わいで楽しめるように盛り合わせた。

材料／4人分
ヒメコダイ…2本　黄蕪…適量
赤かぶ…適量　アマランス…適量
えごま…適量　◎和梨のブランデージュレ…適量　◎緑酢…適量
◎えごま味噌…適量　えごま油…適量　塩…適量　胡椒…適量

作り方
1 ヒメコダイはウロコをかいて三枚におろす。中骨と腹骨を除く。皮目が丸まらないように串を打ち、抜き板にのせて、さらしを被せて熱湯をかけ、すぐに氷水にはなす。
2 器に、ブランデージュレ、緑酢とえごま味噌、えごま油と塩・胡椒をしいて、薄切りにして丸めた黄蕪、赤かぶをのせ、そぎ切りにした松皮作りをのせ、えごま、アマランサスを飾る。

◎和梨のブランデージュレ
材料／仕込み量
出汁…700㎖　薄口醤油…70㎖　味醂…70㎖　板ゼラチン…1枚　和梨のブランデー…30㎖
作り方
1 出汁、醤油、味醂を合わせて火にかけ、水でふやかしたゼラチンを入れて溶かす。
2 ブランデーを加えて火から下ろし、冷やし固める。

◎緑酢
材料
青寄せ…適量　きゅうり…適量
加減酢(土佐酢と出汁を3対2で合わせたもの)…適量
作り方
1 きゅうりはすりおろして水気を絞る。
2 他の材料とよく混ぜ合わせる。

◎えごま味噌
材料／仕込み量
赤味噌…500g　日本酒…180㎖　赤酒…180㎖　砂糖…2kg　えごま…適量
作り方
1 えごま以外の材料を鍋に入れて火にかけて練り上げる。
2 えごまをあたりバチで当たる。1の味噌を加減しながら加える。

鰤と鮪　小角作り

たまり醤油の漬け地にマグロとブリとナチュラルチーズを浸けて味付け。お好みで、別添えのにんにく風味香味オリーブ油を付けて味わってもらう。くちなし、紫人参、抹茶、食用花で色付けしたゼラチンの上に盛り付けて、華やかな盛り付けに。

材料／4人分
ブリ…1柵　マグロ…1柵　ナチュラルチーズ…適量　漬け地…適量　色ゼラチン…適量　香味オリーブオイル…適量
飾り（ちょろぎ甘酢漬け、葉ワサビ、ヒイラギの葉）…適量

作り方
1 上身にしたブリ、マグロとナチュラルチーズを同じ大きさの小角に切る。
2 漬け地にブリ、マグロ、チーズをそれぞれ半日漬ける。
3 ゼラチンを流し固めた器に、漬けたブリ、マグロ、チーズを盛り付ける。
4 ちょろぎ甘酢漬けをのせる。葉ワサビ、ヒイラギの葉を飾る。香味オリーブオイルを添える。

◎漬け地
材料
たまり醤油…60㎖　煮切り酒…200㎖　煮切り味醂…20㎖
作り方　材料を合わせる。

◎香味オリーブオイル
材料
にんにく…適量　玉ねぎ…適量　塩…適量　オリーブオイル…適量
作り方
1 にんにく、玉ねぎは粗めのみじん切りにする。低温のオリーブオイルでじっくり揚げる。
2 そのまま冷まして、塩を入れて漬けておく。

◎色ゼラチン
材料
玉酒…適量　色素（食用花、くちなし、紫人参、抹茶）…各適量　板ゼラチン…適量
作り方
1 色素の材料をそれぞれ、玉酒（日本酒と水を1対1で合わせたもの）で茹でて色を抽出する。
2 それぞれに水でふやかしたゼラチンを煮溶かし、別々の器に流して冷やし固める。

赤貝　平貝
翡扇貝　叩き

包丁で叩いて丸く形を整えた赤貝、平貝とヒオウギ貝の貝柱の盛り合わせ。それぞれの貝のほのかな甘みを引き立てるのは、黒トリュフソース。貝の刺身の歯応えの良さとともに、トリュフの香りの余韻を長く楽しめる。

材料／4人分
赤貝…4個　タイラ貝…2個　ヒオウギ貝…2個　黒トリュフソース…適量　ハートきゅうり…適量　エディブルフラワー…適量　アヤメカブ…適量　レッドソレル…適量

作り方
1 赤貝は殻から出し、内臓を取り、水洗いし、塩で洗ってぬめ

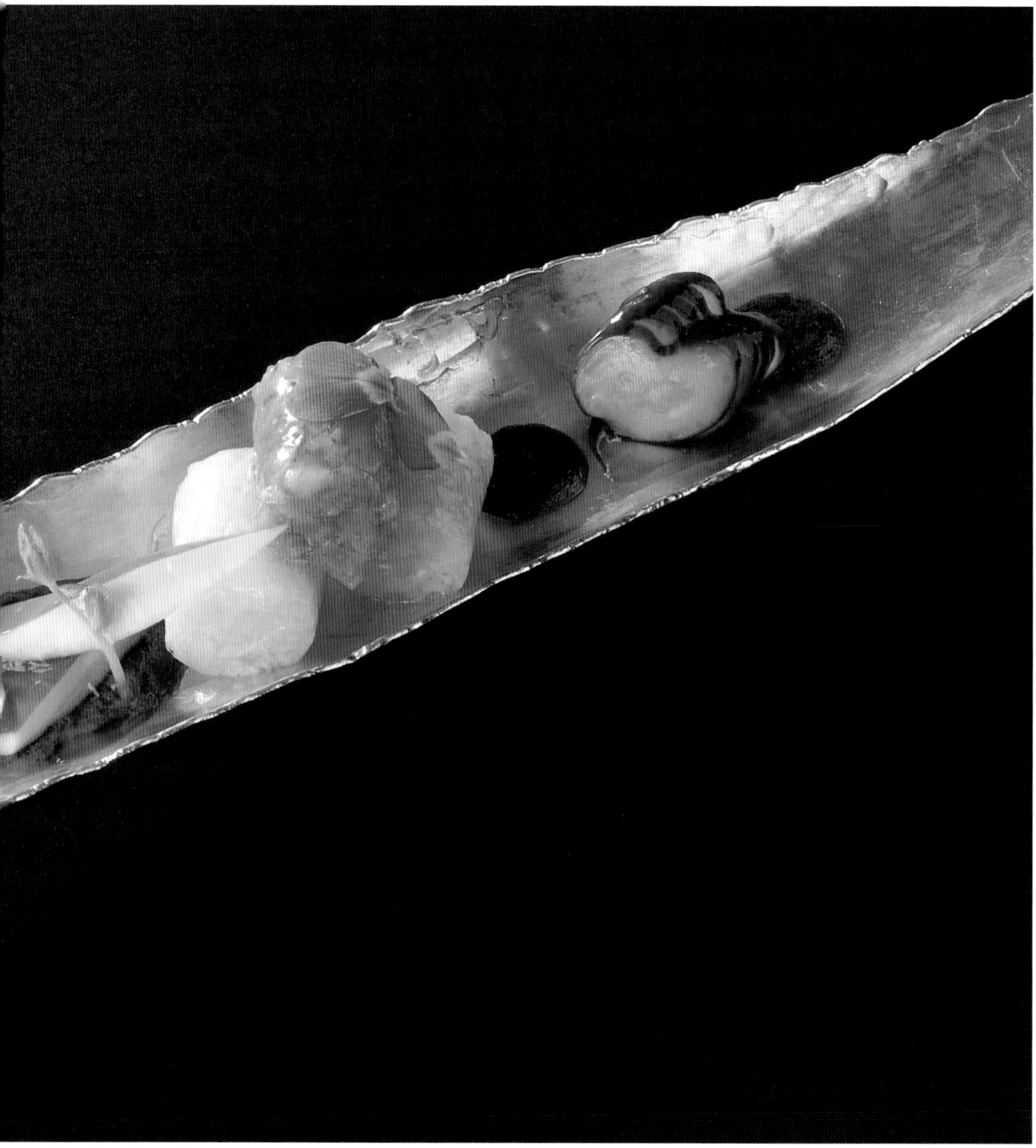

りを取る。包丁の刃で叩いてきれいな丸に形を整える。

2 タイラ貝、ヒオウギ貝は殻から出し、掃除をして貝柱のみにする。赤貝同様に丸く形を整える。

3 器に盛り付け、黒トリュフソースを流し、ハートきゅうり、レッドソレル、アヤメカブ、エディブルフラワーを飾る。

◎黒トリュフソース

材料

EXヴァージンオリーブ油…30㎖　マッシュルーム(みじん切り)…50g　にんにく(みじん切り)…適量　黒トリュフ…適量　パセリ(みじん切り)…適量　塩…適量

作り方

1 オリーブ油(分量外)でにんにく、マッシュルームを炒めて香りを出す。

2 EXヴァージンオリーブ油に、刻んだ黒トリュフ、塩、パセリと1を混ぜる。

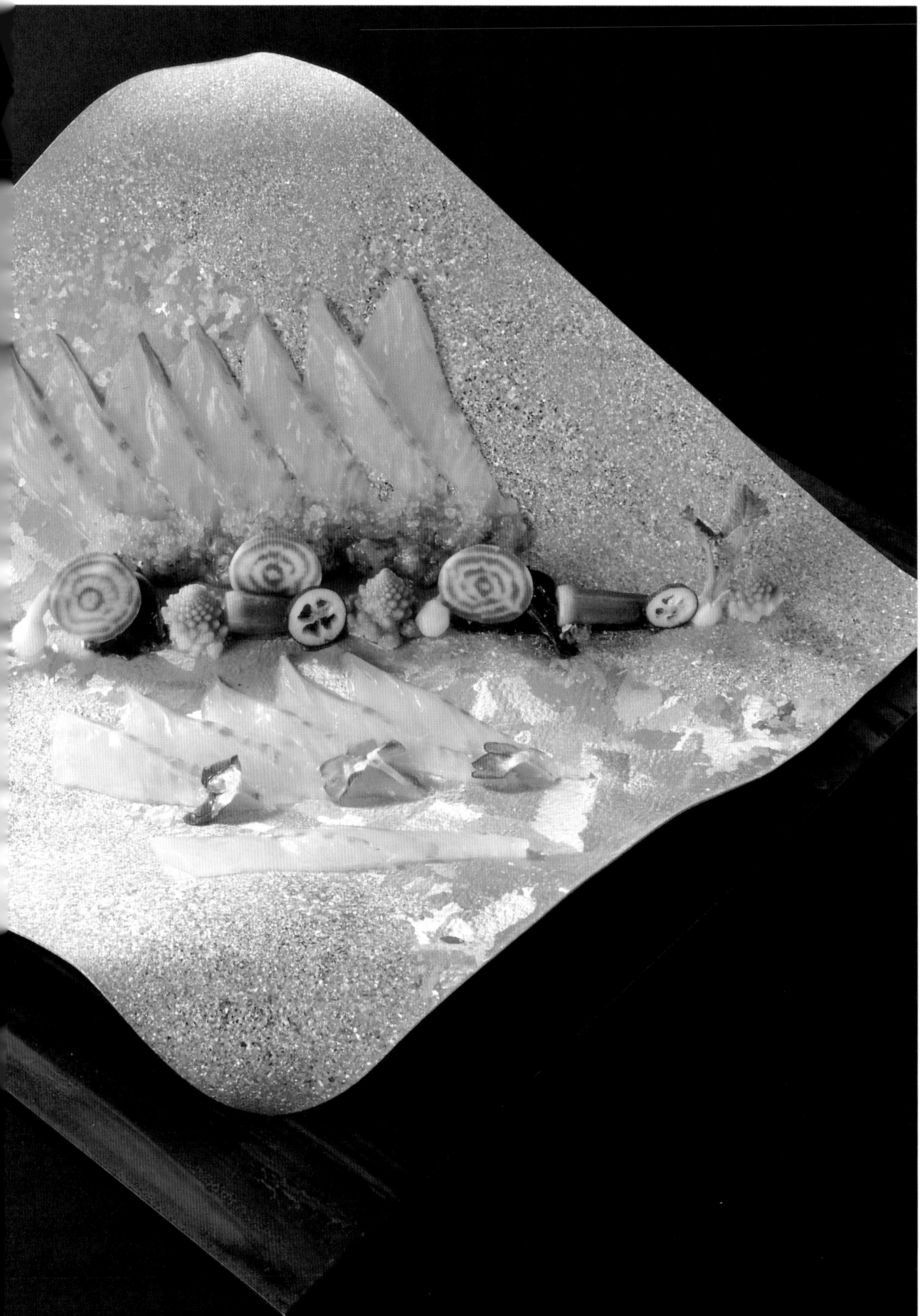

寒平目　薄造り

寒ヒラメを多彩な味わい方ができる品。10月～2月が旬で、脂がのってキメの細かい身が絶品の寒ヒラメの刺身を、シンプルにイタリア産大粒天日塩やフィンガーライムの酸味、柚子胡椒の辛味で味わうとともに、にんにくとアンチョビを効かせたクリーミーなバーニャカウダソースもかけた。

材料／4人分

ヒラメ…1柵　柚子胡椒…適量　フィンガーライム…適量　イタリア産大粒天日塩…適量　芽蕪…適量　ミニおくら…適量　うずまきビーツ…適量　ロマネスコ…適量　◎バーニャカウダソース…適量

作り方

1 上身にしたヒラメを薄造りにする。

2 フィンガーライム、メカブ、茹でたミニおくら、ロマネスコ、うずまきビーツ、柚子胡椒、イタリア産大粒天日塩と盛り付ける。

3 ヒラメの一部にバーニャカウダソースをかける。

◎バーニャカウダソース

材料

オリーブ油…240g　おろしにんにく…72g　アンチョビ…35g　生クリーム…200㎖　じゃがいも(茹でて裏漉し)…100g　牛乳…100g

作り方

1 オリーブ油を熱し、にんにく、アンチョビをよく炒める。粗熱をとって生クリームと合わせる。

2 茹でて裏漉ししたじゃがいもと牛乳を合わせて火にかけて混ぜ、冷ます。

3 1と2を1対2で混ぜ合わせる。

鰡昆布締め　挟み唐墨

ブロッコリーのゼリーの上に、昆布〆にしたボラの身とカラスミを重ねた品。お好みでボラの刺身に粉カラスミを付けて味わってもらう。粉カラスミによってカラスミ風味が増し、より贅沢な味わいを楽しめる。

材料／4人分
ボラ…1本　塩…適量　昆布…適量　カラスミ…適量
ブロッコリー寄せ…適量　粉カラスミ…適量　れんこんチップ…4枚　マイクロハーブ…適量

作り方
1 ボラはそぎ切りにし、うす塩を当てる。煮切り酒（分量外）で昆布を拭いて、ボラを挟んで昆布〆にする。
2 器にブロッコリー寄せを四角く切ってのせ、その上にボラ、カラスミ、ボラ、カラスミ、ボラの順にのせる。
3 れんこんチップ、マイクロハーブを飾る。粉カラスミを添える。

◎ブロッコリー寄せ
材料　ブロッコリー…適量　昆布出汁…適量　板ゼラチン…適量
作り方
1 ブロッコリーを茹でてミキサーにかけてペースト状にする。
2 昆布出汁とブロッコリーのペーストを合わせて火にかけ、水でふやかした板ゼラチンを入れて溶かす。冷やし固める。

◎粉カラスミ
材料　カラスミ
作り方　カラスミをすりおろして、乾燥させる。

◎れんこんチップ
材料　れんこん…適量　揚げ油…適量
作り方
1 れんこんは皮をむいて薄切りにする。
2 油で揚げる。

水煙盛り

ドライアイスを仕込める器に盛って、フタをして提供。フタを取ると、ひんやりする水煙の中から鮮やかな色のキンメダイの皮霜作り、ブリの焼き霜作り、ツブ貝の刺身が現れるという趣向。土佐醤油でさっぱりと味わってもらう。

材料／4人分
ツブ貝…4個　キンメダイ…1柵　ブリ…1柵　星きゅうり…適量　姫きゅうり…適量　ミニおくら…適量　黒大根…4本　土佐醤油…適量

作り方
1 ツブ貝はへぎ作りにする。
2 ブリはすき引きした皮付きの柵にする。焼き網にのせ、塩をふってバーナーで皮目だけを炙る。
3 キンメダイは、皮目が丸まらないように串を打ち、抜き板にのせ、さらしを被せて熱湯をかける。すぐに氷水にはなす。
4 黒大根は洗って、形のまま舟形に切って器とする。
5 黒大根の器にツブ貝、キンメダイ、ブリを盛り付け、星きゅうり、姫きゅうり、ミニおくらを飾る。器にドライアイスを仕込んでフタをする。土佐醤油を添える。

◎土佐醤油
材料／仕込み量
濃口醤油…2ℓ　たまり醤油…1.8ℓ　日本酒…1.8ℓ　味醂…1.8ℓ　カツオ節…500g

作り方
1 醤油、日本酒、味醂を合わせて火にかける。
2 沸いたらカツオ節を入れ、ひと煮立ちして、冷えるまで置いてから漉す。

北海蛸　花作り

紫と黄・緑の色素を抽出した地を沸かし、ハモ切りにした水ダコの足をサッとくぐらせ、花が開いたように仕上げる。キンカンとともに盛り付けて、甘酸っぱい香りをまとわせて、複雑な食感とともに味わってもらう。

材料

水ダコ…足1本　抹茶…適量
くちなし…適量　紫人参…適量
玉酒…適量　キンカン…適量
菊芋チップ…適量　より（紫人参と黄人参）…各適量

作り方

1 くちなし、紫人参は玉酒で煮て、色素を抽出する。抹茶はお湯に溶かしておく。

2 皮を剥ぎ、上身にした水ダコはハモ切りにする。

3 色素を抽出した地をそれぞれ沸かし、水ダコに火が入らない程度にサッと表面だけ茹でて氷水にはなす。

4 器にキンカンを入れ、その上に水ダコを盛り、紫人参と黄人参で作る長めのより、菊芋チップを飾る。

紅富士サーモン　昆布締め

味が濃く、臭みも少なく生食に向くブランドマスの「紅富士(あかふじ)」を昆布〆にして、さらにしっかりした味わいに。ブラックベリー、ナッツのハチミツ漬けとともに盛り付け。甘塩っぱいビーツ醤油を添えて、爽やかに味わえる一品に。

材料／4人分
紅富士サーモン…1柵　昆布…適量　煮切り酒…適量　小メロン…適量　エディブルフラワー…適量　ヤーコンチップ…適量　ドライみかん…適量　ナッツのハチミツ漬け…適量　クレージーピー…適量　ベビーリーフ…適量　ブラックベリー…適量　ビーツパウダー…適量　生クリーム…適量　ビーツ醤油…適量

作り方
1　紅富士サーモンはそぎ切りにして、うす塩を当てる。煮切り酒で拭いた昆布でサーモンを挟んで半日、昆布〆にする。
2　紅富士サーモンの昆布〆と、小メロン、エディブルフラワー、ヤーコンチップ、ドライみかん、ナッツのハチミツ漬け、クレージーピー、ベビーリーフ、ブラックベリーを盛り付ける。
3　器の中央にビーツ醤油を流し、生クリームを5〜6滴たらす。ビーツパウダーをふり、クレージーピーを飾る。

◎ビーツ醤油
材料　ビーツ…100g　白醤油…適量　昆布…適量　塩…適量
作り方
1　ビーツは皮をむいて、昆布と一緒に炊く。火が通ったら出してミキサーにかけてペースト状にする。
2　白醤油、塩で味を調える。

◎ナッツのハチミツ漬け
材料　アーモンド、カシューナッツ、クルミなど…適量　ハチミツ…適量
作り方
1　ナッツはフライパンで空煎りする。
2　煎ったナッツをハチミツに漬ける。

皮剥ぎ肝包み作り

カワハギの刺身で、低温で蒸したカワハギの肝を包んだ。カワハギの肝と煮切り醤油で作る肝醤油をつけて食べる。カワハギの弾力のある身、とろける食感の蒸した肝、生の肝の風味の、カワハギのいろいろな食感と風味が口の中に広がる。

材料／4人分
カワハギ…4本　キャビア…適量　ルッコラ…適量　赤パプリカ…適量　アマランサス…適量
金箔…適量　肝醤油…適量

作り方
1 カワハギは首に包丁を入れ、頭を取って肝をていねいに取り出す。皮を剥ぎ、三枚におろす。中骨と腹骨を取り、身皮も取る。
2 肝は一部は低温で蒸し、一部は生のまま肝醤油に使う。
3 カワハギは細長くそぎ切りにし、十文字に置いて、中央に蒸した肝とアマランサスをのせて包む。
4 上にキャビアと金箔をのせる。肝醤油を添える。

◎肝醤油
材料
カワハギの肝…適量　煮切り醤油…適量
作り方
1 カワハギの生の肝を包丁で叩く。
2 煮切り醤油と混ぜ合わせる。

帆立燻製作り

ホタテ貝柱は、柚子を合わせた幽庵地に漬けて、さらに桜のチップで瞬間燻製をかけ、味わいと風味に特徴を出した。フレッシュのスターフルーツ、乾燥みかんと挟むように盛り付けて、爽やかな甘みもまとわせる。土佐醤油で味わってもらう。

材料／4人分
ホタテ貝柱…4個　幽庵地…適量
乾燥みかん…適量　スターフルーツ…適量　エディブルフラワー…適量
芽かぶ…適量　土佐醤油…適量

作り方
1 ホタテ貝柱は半分の厚みに切って、幽庵地に5～10分浸ける。
2 桜のチップで瞬間燻製機に1を入れ、燻製する。
3 スターフルーツを土台に、上にホタテの燻製、その上に乾燥みかんを。同じ順でもう1段重ねて、芽かぶ、エディブルフラワーを飾る。土佐醤油を添える。

◎幽庵地
材料
日本酒…60㎖　味醂…20㎖　薄口醤油…20㎖　柚子果汁…少々
作り方
材料をよく混ぜ合わせる。

◎佐醤油
材料
濃口醤油…90㎖　たまり醤油…18㎖　日本酒…9㎖　味醂…9㎖
花カツオ…適量
作り方
1 カツオ節以外の材料を合わせて火にかける。
2 沸いたらカツオ節を入れ、灰汁を取ったら火から下ろす。冷めたら漉す。

鰆の炙り　赤睦皮霜作り

炙ったサワラと、皮霜作りにした赤睦（ノドグロ）を盛り合わせた品。脂ののった2種類の刺身と合わせたのはトマト風味の辛味のある味噌。この味噌との相性も考え、付け合わせには、葉わさび、甘長唐辛子、シークワーサーパウダーを。

材料／4人分
サワラ…1柵　ノドグロ…1本　塩…適量　◎辛味トマト味噌…適量　赤水菜…適量　紅芯大根…適量　葉わさび…適量　甘長唐辛子…適量　シークワーサーパウダー…適量

作り方
1 サワラは塩をふり、バーナーで皮目を炙り、氷水にはなす。
2 ノドクロは皮が丸まらないように串を打ち、抜き板にのせ、さらしを被せて熱湯をかける。氷水にはなす。
3 サワラ、ノドクロをそぎ切りにし、赤水菜、紅芯大根、葉わさび、甘長唐辛子と盛り付ける。
4 シークワーサーパウダーをかけ、辛味トマト味噌をかける。

◎辛味トマト味噌
材料
トマト…3個　西京白こし味噌…150g　田舎味噌…50g　砂糖…30g　日本酒…180㎖　味醂…15㎖　卵黄…2個分　コチュジャン…30g

作り方
1 トマトは湯むきしてタネを取り、つぶす。
2 コチュジャン以外の残りの材料を鍋に入れ、1を合わせて火にかけて焦がさないように炊く。
3 コチュジャンを入れて仕上げる。

伝統的な韓国料理の技法で
現代人の嗜好をとらえる
モダン・コリアンテースト

■金裕美韓国料理教室

住所／大阪府八尾市安中町 3-2-39
ファミールハイツ八尾 B 棟 328 号
電話／072-924-9220

韓国忠清道生まれ。韓国宮中料理の第一人者で人間国宝の黄慧性氏に師事し、韓国の宮廷に伝わった伝統的な料理技法を研鑽、日本の素材に合わせた韓国料理の調理法を独自に研究。家庭の韓国料理からプロ向け料理指導・開発まで行なう。テレビや雑誌などで活躍。著書に「魔法の韓国たれ」「人気韓国料理の新・教科書」「野菜いっぱいの韓国料理」（いずれも旭屋出版刊）など多数。

『金裕美韓国料理教室』
金 裕美

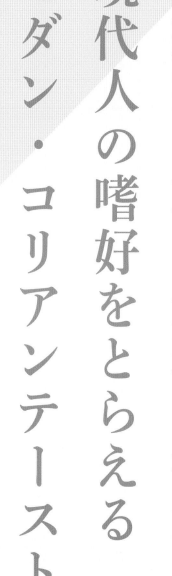

いかキムチ

人気のイカの韓国風刺身料理。イカは箸で取りやすいように細切りに。大根を千切りにして加え、イカの臭みを取るとともに消化もよくする。辛みだけでなく、自然の甘みを大事にしてリンゴの細切りを加え、健康的な一品に仕上げる。

材料／2人分

ヤリイカ（イカそうめん）…200g　塩…小さじ½（ヤリイカ用）　大根…150g　塩小さじ½（大根用）　リンゴ…50g　長ねぎ（細切り）…5〜6㎝分　塩…小さじ1　A［粉唐辛子（細挽き）…大さじ3と½　おろしにんにく・おろし生姜…各少々］　柚子の皮（細切り）・姫三つ葉…各少々

作り方

1 大根は縦に3〜4㎝長さのせん切りにして塩小さじ½をふって混ぜておく。

2 ヤリイカは胴を切り開いて、そうめんのように細長く切り、塩小さじ½をふってなじませておく。

3 1の大根がしんなりしたら、水気を絞る。

4 リンゴは皮をむいて、細切りにする。

5 2〜4にAを加えてよく混ぜ、長ねぎの細切りを加えて、軽く混ぜ合わせる。

6 器に5を盛り、柚子の皮の細切りを飾り、姫三つ葉を添える。

Memo

・粉唐辛子は韓国産の細挽きで、甘口のものを使用。

・材料をすべて細切りにすることで、食べる時に箸でとりやすくなる。

イカ、大根、リンゴ、これらの材料はすべて細切りにする。

甘えびの一夜醤油漬け

昆布だしに野菜やリンゴ、椎茸などの材料に調味料を加えて作った醤油漬けダレに漬け込んだ甘エビの、ねっとりとした甘みと旨みが後をひく。酒の肴としてだけでなく、どんぶり料理の具材としても喜ばれる。

材料／2人分

甘エビ(刺身用)…250g　◎醤油漬けダレ…全量
A[にんにく(薄切り)…小1かけ分　生姜(薄切り)…20g　赤・青唐辛子…各1本　レモン(輪切り)…2枚　ローリエ…2枚]

◎醤油漬けダレ

材料／作りやすい分量

昆布だし…2カップ　A[干し椎茸(戻したもの)…1枚　玉ねぎ(薄切り)…30g　リンゴ(薄切り)…30g　長ねぎ…8㎝　酒…大さじ4　薄口醤油…大さじ3　濃口醤油…大さじ2　味醂…大さじ4　魚醤…大さじ1

作り方　鍋にすべての材料を入れて中火にかける。沸騰してきたら弱火にして20分程度煮て網で漉してから冷ます。

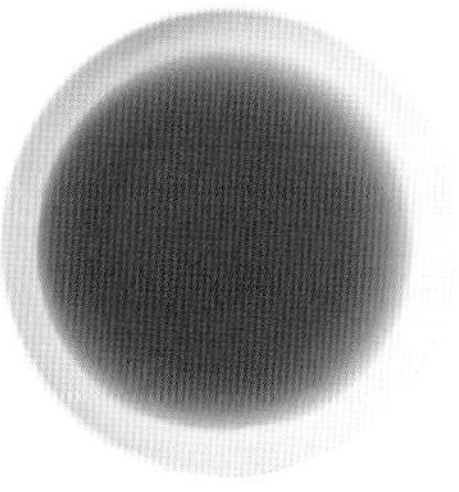

醤油漬けダレ

作り方

1　保存容器に甘エビを並べ入れ、冷ました「醤油漬けダレ」をまわし入れ、Aを上に散らすようにのせる。

2　1を冷蔵庫に半日（12時間程度）入れて味をなじませたら完成。

Memo

・3〜4日で食べ切るようにする。さらに日持ちをよくしたい場合は、漬けた日から3〜4日以内に甘エビの漬け汁だけを鍋に入れて火にかけ、沸いてきたら火を止めて冷まし、戻し入れれば、5〜6日保存可能。

・甘エビを漬け汁に浸った状態で保存することがポイント。甘エビが傷みにくくなる。冷蔵庫に保存する場合、チャック付きのビニール袋などに入れると漬け汁がなじみやすくなる。またパーシャル室（半凍結・微凍結）に入れると鮮度が落ちにくい。

漬けダレから甘エビが出ないように漬けるのがおいしさのポイント。冷蔵庫に入れ、3〜4日で食べ切る。

まぐろと鯛の野菜どんぶり

刺身と生野菜をのせた韓国風刺身どんぶり料理。ご飯の上にマグロとタイに、韓国料理に馴染みの深いサンチュやえごまの葉、錦糸卵を盛り、ピリ辛のコチュジャンダレをかける。すべてを混ぜ合わせて食べるのがおいしい。

材料／2人分

刺身（マグロ、タイ）…各100g　ごはん…2膳

A［白すりごま…大さじ2　ごま油…大さじ1］

B［サンチュ…2枚　えごまの葉…3枚　赤キャベツ…50g　きゅうり…⅓本］　◎コチュジャンダレ…適量　錦糸卵…少々

◎コチュジャンダレ

材料／作りやすい分量

コチュジャン…大さじ2強　粉唐辛子（韓国産甘口）…大さじ½　砂糖…大さじ2　酢…大さじ2　レモン汁…小さじ1　濃口醤油…大さじ1　おろしにんにく・おろし生姜…各少々　リンゴのすりおろし…30g　ごま油…大さじ½

作り方　材料をすべて合わせてよく混ぜておく。

コチュジャンダレ

作り方

1 ごはんにAを加えて混ぜる。

2 Bの野菜は、それぞれせん切りにする。

3 器に1のごはんを盛る。

4 3の上に、2の野菜、錦糸卵、マグロとタイの刺身を彩りよく盛る。

5 「コチュジャンダレ」をまわしかけ、混ぜていただく。

Memo

・あればアボカドをのせてもおいしい。

刺身と野菜を盛ったところに、別添えのコチュジャンダレをかける。

すべてを混ぜ合わせて食べる。ピリ辛のコチュジャンダレが食欲を刺激する。

帆立貝と鮑の熟菜《スッチェ》

韓国宮廷料理をアレンジしてつくったサラダ感覚の刺身料理。宮廷料理の酒の肴の華やかさが目を楽しませる。味つけした貝類や野菜は片栗粉をまぶし、素材の旨みを閉じ込める。松の実粉を加えたしょっつるダレで、さらに旨みが増す。

材料／2人分

ホタテ貝柱（刺身用）6個　アワビ（刺身用）…70g　A［塩…少々　白胡椒…少々　ごま油…大さじ½］　パプリカ（赤・黄）…各¼個　きゅうり…½本　片栗粉…適量　わさび菜…適量　レモン（輪切り）…1枚　◎しょっつるコク甘酢ダレ…全量

◎しょっつるコク甘酢ダレ

材料

にんにく（みじん切り）…⅓かけ分　酢…大さじ2と⅓　砂糖…大さじ1　味醂…大さじ2　魚醤…大さじ1　塩…2つまみ程度　松の実粉…10g

作り方　材料を合わせてよく混ぜ、冷やしておく。

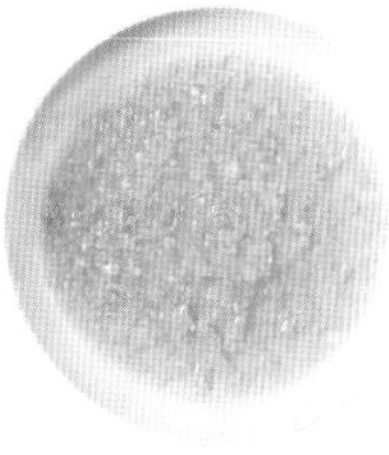

しょっつる甘酢ダレ

作り方

1 ホタテ貝の上面に格子状の切り込みを入れておく。アワビは食べやすい大きさのそぎ切りにして、切り込みを入れておく（味をからみやすくするため）。

2 1にAを加えて和える。

3 パプリカは、それぞれ6等分に切る。きゅうりは縦半分に切り、2.5cm角に切る。パプリカときゅうりに塩ひとつまみ（分量外）を加えて軽く混ぜておく。

4 2、3に片栗粉をまぶす。

5 たっぷりの湯を沸かし、酒大さじ3～4（分量外）を加えて、4をサッと湯に通す。すぐに氷水にとって冷まし、水気を切る。

6 器に5を彩りよく盛り、わさび菜、レモンを添え、「しょっつる甘酢ダレ」をかけて供する。

Memo

・「熟菜」は、材料を一度茹でてから、和えたり炒めたりする料理のことを指す。
・松の実パウダーの代わりに、ピーナッツパウダーを用いてもよい。
・魚醤は、しょっつる、または鮎の魚醤を用いると、風味がよい。

タレは上からかけまわし、すべて混ぜ合わせて食べる。

渡り蟹のピリ辛和え

グルメを唸らせる韓国料理のワタリガニの醤油漬け「カンジャンケジャン」。春先はメス、秋はオスがおいしい。手で持って、タレと一緒にしゃぶりながら食べてもらう豪快な料理。酒の肴でも食事でも人気が高い。

材料／2人分

活けワタリガニ…1パイ（約400g）　赤・青唐辛子…各1本　せり…20g　◎カニのピリ辛ダレ…全量

◎カニのピリ辛ダレ

材料／作りやすい分量

昆布だし…50㎖　玉ねぎ（薄切り）…20g　A［酒…大さじ2　濃口醤油…大さじ2　薄口醤油…大さじ1　魚醤…大さじ½　味醂…大さじ2］　B［はちみつ…大さじ1と½　おろしにんにく・おろし生姜…各小さじ⅓　粉唐辛子（粗挽き）…大さじ4〜5　白すりごま…大さじ1］

作り方　鍋に昆布だし、玉ねぎの薄切り、Aの材料をすべて入れて火にかける。沸騰してきたら火を止めて冷まし、漉しておく。これをカニにまわしかけて10分ほどおき、タレのみ取り出してBを加える。

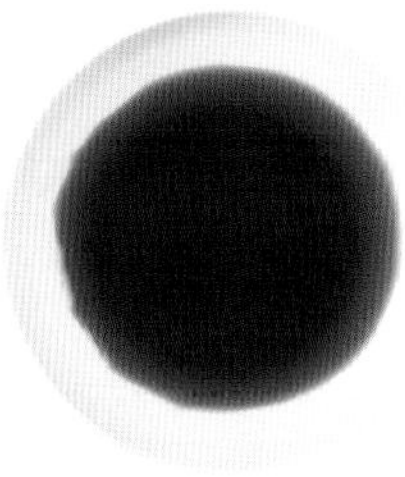

カニのピリ辛ダレ

作り方

1 ワタリガニは、たわしなどで丁寧にこすり、きれいに洗って水気をふき取る。足先をキッチンバサミで切り離したら甲羅をはずし、ガニ（エラ部分）を取り除く。

2 1の甲羅についている身とカニミソ部分を取り出し、キッチンバサミで縦半分に切ってから、それぞれ3等分に切り、それぞれをさらに食べやすい大きさ（3等分）に切り揃える。

3 赤・青唐辛子は、それぞれ斜め薄切りにする。せりは2㎝長さに切る。

4 2のカニ、3の野菜、「カニのピリ辛ダレ」を合わせて軽く混ぜ、器に盛る。

Memo

・ワタリガニは、できるだけ新鮮なものを用いること。
・完成したら、すぐに食べることができる。
・保存する場合は、保存容器に入れ、冷蔵庫（できればパーシャル室）で4〜5日保存可能。

ワタリガニを漬け込むピリ辛ダレにはせりを入れ、香りづけとカニの臭み取りを行なう。

縞あじのコチュジャン味噌薬念《ヤンニョム》和え

粗みじんに切ったシマアジをコチュジャン味噌で和え、えごまの葉と一緒に焼きのりに包んで食べる酒の肴。のりで福を包むという意味もある。クリームチーズをのせると、辛みがマイルドに。また、ごはんにのせて食べてもおいしい。

材料／2人分
シマアジ（刺身用の上身）…100g　えごまの葉…10枚　赤・青唐辛子（斜め薄切り）…各½本分　◎コチュジャン味噌…全量　焼きのり（全形）…3枚

◎コチュジャン味噌
材料／作りやすい分量
コチュジャン…大さじ1　白みそ…大さじ½　酢…大さじ1と½　はちみつ…大さじ½　おろしにんにく・おろし生姜…各小さじ¼　白すりごま…大さじ1　ごま油…大さじ1　長ねぎ（みじん切り）…大さじ3
作り方　材料をすべて合わせてよく混ぜる。

作り方
1 シマアジは、粗みじん切りにする。
2 1に「コチュジャン味噌」を加え、全体に和えて味をなじませる。
3 器に、えごまの葉を敷いて、2のアジを盛り、赤・青唐辛子を飾る。
4 焼きのりは1枚を8等分に切り、4を適量のせて包んでいただく。

Memo
・シマアジは粗みじんに切ることで、つぶつぶとした食感を出し、食感を楽しめるようにしている。

コチュジャン味噌

たことフルーツトマトの冷菜

タコと相性のよいトマトと玉ねぎを組み合わせ、カルパッチョ風の仕立てに。トマトをぐるりと円形に重ねながら盛り、モダンなおしゃれ演出を。仕上げにピリ辛ダレをまわしかけて食べるが、ガーリックオイルでもよく合う。

材料／2人分
フルーツトマト…200g　タコ（刺身用）…100g
A［塩…ひとつまみ　ごま油…小さじ1　白胡椒…少々］　玉ねぎ（スライス）…70g　芽ねぎ…½パック
揚げにんにく…1かけ分　◎ピリ辛ダレ…適量

◎ピリ辛ダレ
材料／作りやすい分量
塩…小さじ1　ごま油…大さじ2　白胡椒…少々
酢大さじ1と½　粉唐辛子（細挽き）…小さじ1
濃口醤油…大さじ1
作り方　材料をすべて合わせてよく混ぜる。

作り方
1 フルーツトマトは、ヘタを取って縦半分に切り、5㎜厚さの薄切りにする。
2 タコは薄い輪切りにしてAを加えて軽く混ぜておく。
3 器に円を描くようにトマトを重ねて並べ、2のタコ、玉ねぎのスライスを盛る。芽ねぎを添え、スライスして揚げたにんにくを散らす。
4 「ピリ辛ダレ」をまわしかけていただく。

Memo
・タコはサッと湯に通してから用いてもよい。

ピリ辛ダレ

中国料理の仕上げで、刺身好きの客層をしっかり満足させる！

■中国食酒坊　まつもと

住　　所／東京都杉並区西荻北3-22-22
電　　話／03-3397-0539
営業時間／11時30分～15時
　　　　　17時～22時30分（L.O.）
定 休 日／火曜日

上海料理をベースに、広東料理や香港料理を提供。客席には毎日、「おすすめ鮮魚」が貼り出され、刺身・蒸す・揚げる・スープ…と、調理法の要望も受ける。店の料理に合うワインにも力を入れている。

『中国食酒坊　まつもと』
オーナーシェフ
松本健二

鰡のへその紹興酒漬け

「鰡のへそ」は、ボラの胃から十二指腸につながる間にある部位で、そろばんの珠の形をしている。11月頃だけ出まわる食材で、鶏の砂肝のようなコリコリした食感が特徴。これを紹興酒でしっかり浸けてお酒に合う一品に。花山椒の辛味がアクセント。

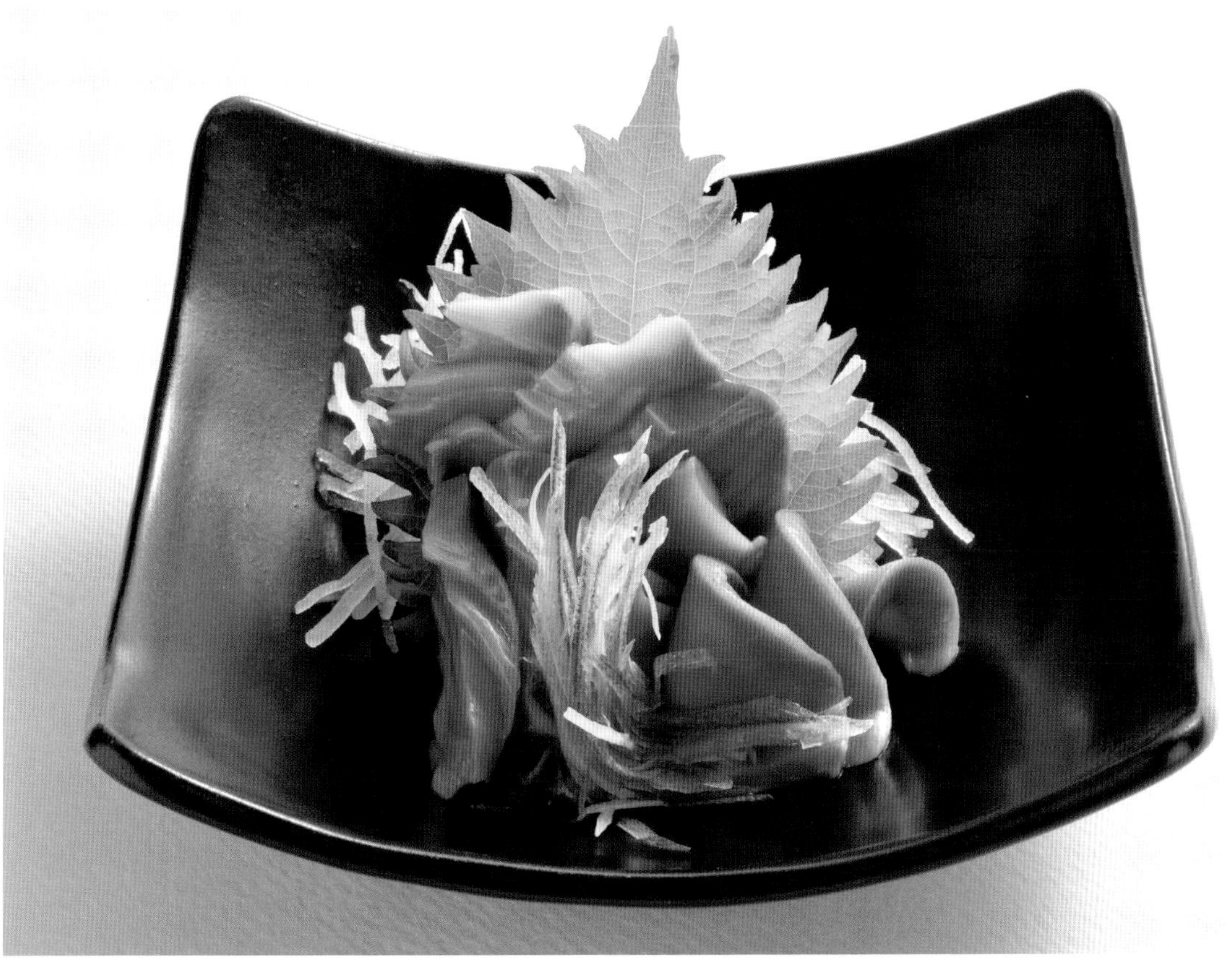

材料

ボラのへそ…3個　紹興酒ダレ…適量

大根のつま…適量　大葉…1枚

作り方

1 ボラのへそは水洗いして、半分に切って中を掃除する。

2 紹興酒ダレに1日〜2日浸ける。

◎紹興酒ダレ

材料／仕込み量

紹興酒…360㎖　醤油…200㎖

砂糖…18g　水…90㎖　ねぎ（みじん切り）…適量　にんにく（みじん切り）…適量　生姜（みじん切り）…適量　花山椒…適量

作り方　材料をよく混ぜ合わせる。

馬刺しの中華風

クセのない馬肉のモモの赤身の部分を使って刺身に。タレは、醤油ベースのタレと紹興酒、練りごま、山椒油を合わせたもので、赤身肉にコクとほんのり辛味を添えて、酒が進む味わいにしている。

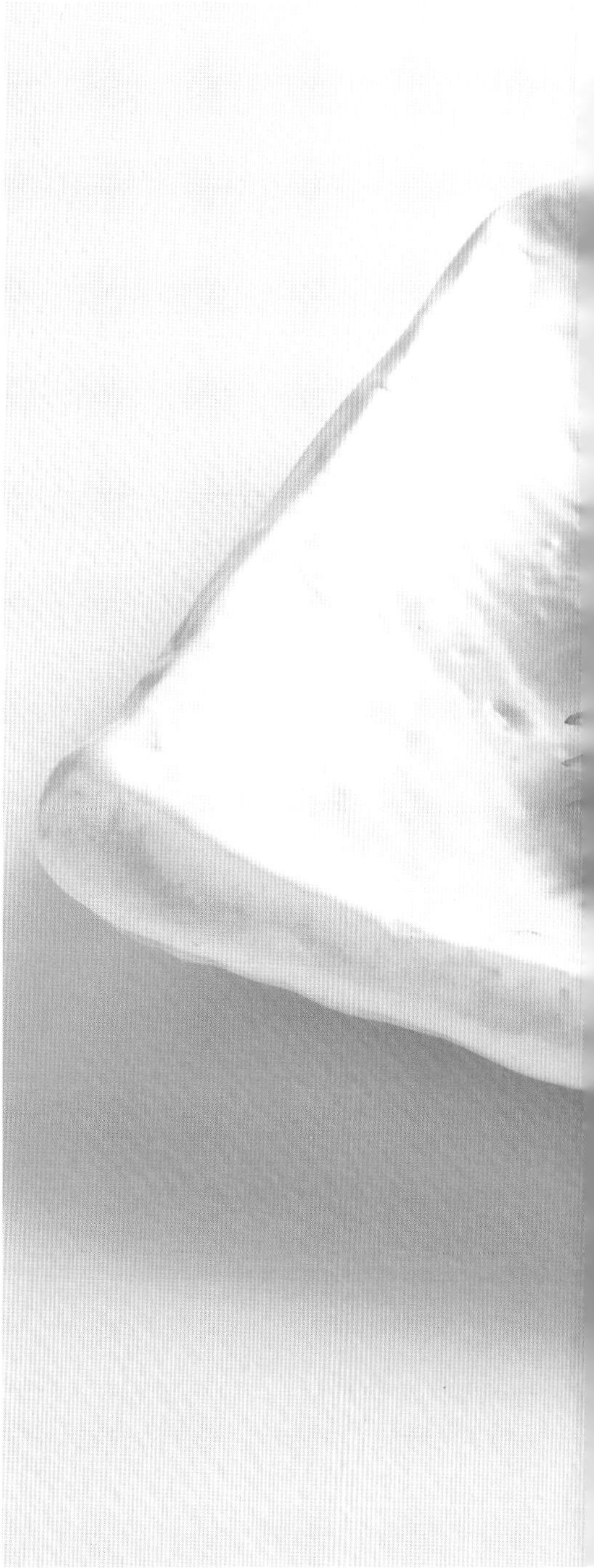

材料

馬モモ肉…60ｇ　中華風馬刺しタレ…適量　ねぎ油…適量　新玉ねぎ（スライス）…適量　大葉…1枚　青ねぎ（小口切り）…適量　生姜…適量　煎りごま…適量

作り方

1 馬モモ肉は細く切り、ねぎ油をまぶす。

2 新玉ねぎ、大葉の上に馬刺しを盛り付け、針生姜、煎りごまをのせる。

3 タレを添える。

◎中華風馬刺しタレ

材料（割合）

濃口醤油…7　味醂…3　日本酒…1　出汁昆布…適量　紹興酒　練りごま…適量　山椒油…適量

作り方

1 醤油、味醂、日本酒、出汁昆布を合わせてひと煮立させ、冷ます。

2 1と紹興酒を1対0.4の割合で混ぜ合わせる。

3 練りごま、山椒油を加えて混ぜる。

■編　　集／井上久尚　森　正吾
土田　治　岡本ひとみ
■撮　　影／東谷幸一　吉田和行　佐々木雅久
後藤弘行　曽我浩一郎（社内）
■デザイン／佐藤暢美

タレ・ソース、盛りつけ、味づくりで
新しい刺身料理をつくる

発行日　2021年4月1日　初版発行

編　者　旭屋出版編集部《あさひやしゅっぱんへんしゅうぶ》
発行者　早嶋　茂
制作者　永瀬正人
発行所　株式会社 旭屋出版
〒160-0005
東京都新宿区愛住町23-2　ベルックス新宿ビルⅡ6階
郵便振替　00150-1-19572
編集部　TEL 03-5369-6424
FAX 03-5369-6430
販売部　TEL 03-5369-6423
FAX 03-5369-6431
旭屋出版ホームページ　https://www.asahiya-jp.com

印刷・製本　株式会社シナノパブリッシングプレス

ISBN987-4-7511-1441-4 C2077